视频书
vBook

武汉战"疫"

最美一线英雄

《武汉战"疫"》编写组◎编著

人民出版社
湖北人民出版社

本书编写组成员

采 写:

鲁 珊	柯 立	黄 琪	田巧萍	王恺凝	辜 丽
刘 璇	严 睿	刘 沛	苏金妮	协 萱	柯美学
李 洁	李 冀	高宝燕	聂文闻	武 叶	伍 伟
杜巍巍	袁 莉	谢 靖	毛 茵	桂 芳	汪 洋
张贤武	洪培舒	何武涛	刘睿彻	刘晨玮	王建兵
关晓锋	章 鸽	史 强	谭德磊	蔡 爽	高萍芳
张春红	陈 林	吴 芬	耿 湘	赵 林	刘颖栗
刘 昱	华智超	杨佳峰	杨 蔚	齐 云	吴文静
韩 玮	肖 娟	张艺婧	曹欣怡	李 勇	刘 娜
刘 梦	林 敏	张立峰	郭 强	李 锐	陈 锦
龙 京	杜微波	刘杏念	陈 俞	李慧赐	黄 哲
陈伟彬	刘 丹	黄师师	陶常宁	黄金波	谢铭辉
王 欣	程 静	苏守明	杨 杰	商焱明	张维纳
张 珺	魏 娜	杜泽文	王 刚	康先军	邓传武
胡丽君	马慧洁	余 倩	明眺生	王红念	

摄 影:

陈 卓	詹 松	胡冬冬	苗 剑	彭 年	金思柳

编 辑:

刘新天	韩玉晔	万旭明	冯爱华	蔡木子	张 颖
艾晨光	江尚骏				

出版说明

　　新冠肺炎疫情爆发，党中央、国务院高度重视，统一领导，习近平总书记亲自指挥部署，作出一系列重要指示。他特别强调，湖北和武汉是疫情防控的重中之重，是打赢疫情防控阻击战的决胜之地；武汉胜则湖北胜，湖北胜则全国胜。习近平总书记的重要指示为我们打赢这场抗疫人民战争指明了方向。

　　为赢得这场战"疫"的胜利，举国上下齐动员，全民众志成城。特别是在武汉一线，包括来自全国各地医务工作者在内的各路军民与武汉人民一道，奋不顾身、夜以继日地战斗，涌现了无数可歌可泣的人物，呈现了无数感人动心的故事。为弘扬他们的崇高精神，及时记录这些时代的身影，增强全国人民战胜疫情的决心和信心，我们组织编辑出版了《武汉战"疫"——最美一线英雄》一书。全书分国家院士、白衣"战士"、人民军队、八方驰援、基建"狂魔"、基层社区、城市保障、志愿"后勤"等八大版块，讲述了战斗在武汉疫区最前线的诸多抗疫工作者那真实而生动、温暖而感人、平实而伟大的故事，勾勒出了体现当代中华民族精神的英雄群像。这些一线英雄是当代最美、最可爱的人，值得我们敬仰与铭记。

　　在此，也要感谢参与本书编写的相关同志们，这些战斗在一线的新闻工作者的代表，争分夺秒在最短时间采写编辑了本书；还要感谢与我社联合编校本书的湖北人民出版社，他们是战斗在一线的出版工作者的代表。借此，我们也向所有参与抗疫工作的全国新闻出版工作者致敬。

人民出版社

2020 年 3 月 10 日

目 录
CONTENTS

中央战"疫"日志

人民网·中国共产党新闻网

1月7日

习近平主持召开中央政治局常委会会议，对新型冠状病毒肺炎疫情防控工作提出要求。

1月20日

据1月20日新华社消息，习近平对新型冠状病毒感染的肺炎疫情作出重要指示。

李克强主持召开国务院常务会议，进一步部署新型冠状病毒感染的肺炎疫情防控工作，要求有力有效遏制疫情。

孙春兰出席新型冠状病毒感染的肺炎疫情防控工作电视电话会议。

1月22日

孙春兰在湖北省武汉市检查指导新型冠状病毒感染

的肺炎疫情防控工作，慰问一线防控人员。

1月24日

孙春兰 20 日、23 日、24 日连续召开国务院应对新型冠状病毒感染的肺炎疫情联防联控工作机制会议。

1月25日

习近平主持中共中央政治局常务委员会会议，研究新型冠状病毒感染的肺炎疫情防控工作。

1月26日

李克强主持召开中央应对疫情工作领导小组会议，贯彻习近平总书记重要讲话和中央政治局常委会会议精神，进一步部署疫情防控工作。

1月27日

习近平作出重要指示，要求各级党组织和广大党员干部团结带领广大人民群众坚决贯彻落实党中央决策部署，紧紧依靠人民群众坚决打赢疫情防控阻击战。

受习近平总书记委托，李克强到湖北武汉考察指导疫情防控工作。

1月28日

习近平会见世界卫生组织总干事谭德塞。

孙春兰率领中央指导组在湖北开展疫情防控指导工作。

王毅会见世界卫生组织总干事谭德塞。

赵克志在全国公安机关视频会议上强调，坚决打赢疫情防控阻击战，坚决维护社会大局稳定。

1月29日

据1月29日新华社消息，习近平对军队做好新型冠状病毒感染的肺炎疫情防控工作作出重要指示。

李克强主持召开中央应对疫情工作领导小组会议，进一步研究疫情防控形势，部署有针对性加强防控工作。

孙春兰率领中央指导组指导湖北医用物资保障工作。

1月30日

李克强赴中国疾控中心考察疫情防控科研攻关工作。

孙春兰率领中央赴湖北指导组看望医务工作者考察社区防控工作。

1月31日

李克强主持召开中央应对疫情工作领导小组会议，部署做好春节后错峰返程加强疫情防控等工作。

黄坤明在专题视频会议上强调，为打赢疫情防控阻击战提供有力舆论支持。

2月1日

李克强考察疫情防控国家重点医疗物资保障调度平台。

中央赴湖北指导组听取疫情防控情况汇报并赴孝感市进行现场检查指导。

2月2日

据2月2日新华社消息，经中央军委主席习近平批准，军队抽组医疗力量承担武汉火神山医院医疗救治任务。

李克强主持召开中央应对疫情工作领导小组会议，部署地方因防控工作需要灵活安排工作进一步做好疫情防控和市场保供，加大对湖北重点地区医疗防控物资支持力度。

孙春兰率中央赴湖北指导组实地察看火神山医院。

2月3日

习近平主持召开中共中央政治局常务委员会会议，研究加强新型冠状病毒感染的肺炎疫情防控工作。

陈希在电视电话会议上强调，组织部门要在打赢疫情防控阻击战中积极主动履职、有效发挥作用。

张军强调，确保各项检察工作不停不等不拖。

2月4日

李克强主持召开中央应对疫情工作领导小组会议，部署提高湖北武汉收治率治愈率降低感染率病死率措施，进一步做好医疗资源和生活物资保障供应。

　　孙春兰实地考察正在进行改造的"方舱医院"。

　　刘鹤出席全国防控物资暨春运错峰返程运输保障电视电话会议，强调抓好重点防控物资供应保障。

　　赵克志在应对疫情工作第三次全国公安机关视频会议上强调，为打赢疫情防控阻击战创造安全稳定环境。

2月5日

　　习近平主持召开中央全面依法治国委员会第三次会议强调，全面提高依法防控依法治理能力，为疫情防控提供有力法治保障。

　　习近平会见柬埔寨首相洪森。

　　李克强主持召开国务院常务会议，要求切实做好疫情防控重点医疗物资和生活必需品保供工作，确定支持疫情防控和相关行业企业的财税金融政策。

　　李克强会见柬埔寨首相洪森。

　　全国农业农村系统应对新型冠状病毒感染肺炎疫情视频调度会在京召开，胡春华强调，切实抓好农村疫情防控和农业生产工作。

2月6日

　　习近平同沙特国王萨勒曼通电话。

李克强主持召开中央应对疫情工作领导小组会议，部署进一步有针对性加强疫情防控工作，要求有序做好恢复生产保障供应工作。

孙春兰率中央赴湖北指导组深入一线，督促武汉以战时状态抓好源头防控。

2月7日

习近平同美国总统特朗普通电话。

2月8日

中央指导组一行实地察看武汉雷神山医院和武汉城市职业学院、武汉软件工程职业学院集中隔离点改造情况。

2月9日

李克强赴中国医学科学院病原生物学研究所考察新冠肺炎疫情防控科研攻关。

李克强同德国总理默克尔通电话，主要就新冠肺炎疫情防控工作交换意见。

孙春兰率中央指导组赴湖北黄冈指导落实"应收尽

习近平：武汉是英雄
的城市，武汉人民是
英雄的人民

收"等防控举措。

2月10日

习近平在北京市调研指导新型冠状病毒肺炎疫情防控工作，强调以更坚定的信心更顽强的意志更果断的措施，坚决打赢疫情防控的人民战争总体战阻击战。

李克强主持召开中央应对疫情工作领导小组会议，部署进一步增加重点医疗防控物资生产供应，加强医务人员调配和药物研发等工作。

2月11日

习近平同印尼总统佐科通电话。

习近平同卡塔尔埃米尔塔米姆通电话。

李克强主持召开国务院常务会议，进一步部署在全力以赴抓好疫情防控同时加强经济运行调度和调节更好保障供给。

孙春兰率中央指导组来到武昌区南湖街隔离观察点和新改建为"方舱医院"的武汉体育馆、武汉博览中心，实地了解应收尽收落实情况。

2月12日

习近平主持中共中央政治局常务委员会会议，分析新冠肺炎疫情形势研究加强防控工作。

2月13日

习近平同马来西亚总理马哈蒂尔通电话。

经中央军委主席习近平批准，军队增派 2600 名医护人员支援武汉抗击新冠肺炎疫情。

李克强主持召开中央应对新冠肺炎疫情工作领导小组会议，部署进一步分级分类有效防控，要求优化诊疗加快药物攻关科学防治。

全国人力资源社会保障系统应对新冠肺炎疫情做好就业工作电视电话会议召开，胡春华强调全力以赴应对疫情做好就业工作。

郭声琨主持召开中央政法委员会全体会议。

2月14日

习近平主持召开中央全面深化改革委员会第十二次会议，强调完善重大疫情防控体制机制，健全国家公共卫生应急管理体系。

　　李克强赴北京西站考察有序错峰返程和新冠肺炎疫情防控时强调，完善错峰返程措施，加强交通疫情防控，统筹做好疫情防控和经济社会发展。

　　孙春兰率中央赴湖北指导组来到湖北省疫情防控指挥部，深入学习贯彻疫情发生以来习近平总书记系列重要指示批示精神，落实中央应对疫情工作领导小组各项决策，进一步部署打好武汉保卫战、湖北保卫战。

2月15日

　　孙春兰率中央赴湖北指导组来到武汉市泰康同济医院、武汉市优抚医院，实地考察患者收治和床位准备情况。

2月16日

　　中央指导组赴湖北省随州市实地指导社区疫情防控。

2月17日

　　李克强主持召开中央应对疫情工作领导小组会议，部署继续做好湖北省特别是武汉市医疗救治和保障，在加强疫情防控的同时推动有序复工复产。

中央指导组来到武汉同济医院，同一线医务工作者座谈，并通过视频连线听取了来自金银潭医院、武汉市肺科医院、武汉协和医院等专家团队关于加强重症患者医疗救治的意见建议。

2月18日

习近平同法国总统马克龙通电话。

习近平同英国首相约翰逊通电话。

李克强主持召开国务院常务会议，部署不误农时切实抓好春季农业生产；决定阶段性减免企业社保费和实施企业缓缴住房公积金政策，多措并举稳企业稳就业。

2月19日

据新华社2月19日消息，习近平作出重要指示强调，务必高度重视对医务人员的保护关心爱护，确保医务人员持续健康投入战胜疫情斗争。

孙春兰率中央指导组走访慰问一线医务工作者，听取医院专家团队的意见建议，要求有关部门加大保障力度。

郭声琨在政法系统疫情防控工作电视电话会议上强

调，要深入贯彻落实习近平总书记关于疫情防控工作
的重要指示精神，把增强"四个意识"、坚定"四个自
信"、做到"两个维护"体现到实际行动上，充分发挥
政法综治职能作用，最大限度调动政法综治资源力量，
构筑起疫情防控的严密防线，坚决打赢疫情防控人民战
争、总体战、阻击战。

2月20日

习近平同韩国总统文在寅通电话。

习近平同巴基斯坦总理伊姆兰·汗通电话。

习近平给比尔·盖茨回信，感谢盖茨基金会支持中
国抗击新冠肺炎疫情。

李克强主持召开中央应对新冠肺炎疫情工作领导
小组会议，部署进一步加强一线医务人员防护加快药
物有效应用，要求继续做好科学防控推动有序复工
复产。

2月21日

习近平主持中共中央政治局会议，研究新冠肺炎疫
情防控工作，部署统筹做好疫情防控和经济社会发展
工作。

　　李克强在北京海淀考察口罩等医疗防控物资生产供应保障情况时强调，多措并举增加医疗防控物资生产供应支持疫情防控防治保障有序复工复产。

　　孙春兰率中央指导组来到武汉体育中心方舱医院，查看移动 P3 实验室检测工作、患者治疗管理等情况，通过视频连线慰问方舱内来自江苏、贵州的援汉医疗队员。

　　韩正在全国恢复交通运输秩序电视电话会议上强调，在做好疫情防控工作的前提下采取有效措施恢复正常交通运输秩序。

2 月 22 日

　　郭声琨在突击检查监管场所疫情防控工作时强调，以强有力措施打赢监管场所疫情防控这场硬仗。

2 月 23 日

　　习近平在统筹推进新冠肺炎疫情防控和经济社会发展工作部署会议上强调，毫不放松抓紧抓实抓细防控工作，统筹做好经济社会发展各项工作。李克强主持，栗战书汪洋王沪宁赵乐际韩正出席。

2月24日

李克强主持召开中央应对新冠肺炎疫情工作领导小组会议。

中央指导组到医院与一线医疗专家研究患者救治和医用物资保障等工作。

2月25日

据新华社2月25日消息，习近平近日对全国春季农业生产工作作出重要指示强调，把农业基础打得更牢，把"三农"领域短板补得更实，为打赢疫情防控阻击战，实现全年经济社会发展目标任务提供有力支撑，李克强作出批示。

习近平同阿联酋阿布扎比王储穆罕默德通电话。

习近平同埃塞俄比亚总理阿比通电话。

李克强主持召开国务院常务会议。

中央指导组专门看望慰问感染新冠肺炎的医务人员。

2月26日

习近平主持召开中共中央政治局常务委员会会议，分析新冠肺炎疫情形势研究近期防控重点工作。

响应党中央对广大党员的号召，习近平、李克强、栗战书、汪洋、王沪宁、赵乐际、韩正同志为支持新冠肺炎疫情防控工作捐款。

孙春兰率中央指导组指导督导，加强武汉以外市州患者救治工作。

2月27日

习近平同蒙古国总统巴特图勒嘎会谈。

李克强主持召开中央应对新冠肺炎疫情工作领导小组会议。

李克强会见蒙古国总统巴特图勒嘎。

2月28日

习近平同古巴国家主席迪亚斯—卡内尔通电话。

习近平同智利总统皮涅拉通电话。

李克强考察国家新冠肺炎药品医疗器械应急平台。

2月29日

孙春兰率中央指导组考察强调，以科研攻关推动一线防控救治。

3月1日

孙春兰组织中央指导组召开视频会议强调，切实发挥支援湖北医务人员火线上的中流砥柱作用。

3月2日

习近平在北京考察新冠肺炎防控科研攻关工作时强调，协同推进新冠肺炎防控科研攻关，为打赢疫情防控阻击战提供科技支撑。

李克强主持召开中央应对新冠肺炎疫情工作领导小组会议。

3月3日

李克强主持召开国务院常务会议，部署完善"六稳"工作协调机制，有效应对疫情影响促进经济社会平稳运行。

3月4日

习近平主持召开中共中央政治局常务委员会会议，研究当前新冠肺炎疫情防控和稳定经济社会运行重点工作。

中央指导组召开会议，要求及时总结经验，筛选有效的中西医治疗方案和药物。

3月5日

李克强主持召开中央应对新冠肺炎疫情工作领导小组会议。

孙春兰率中央指导组实地察看社区防控和群众生活保障情况。

3月6日

习近平在京出席决战决胜脱贫攻坚座谈会并发表重要讲话。

孙春兰率中央指导组来到鄂州，实地考察新冠肺炎防控救治和企业复工复产等情况。

中央应对新冠肺炎疫情工作领导小组印发《通知》，进一步做好疫情防控期间困难群众兜底保障工作。

3月8日

习近平向奋战在疫情防控第一线和各条战线的广大

妇女同胞表示诚挚的慰问，向全国各族各界妇女同胞致
以节日的问候。

孙春兰向奋战在疫情防控第一线的广大妇女同胞，
转达习近平总书记和党中央、国务院的亲切关怀和节日
祝福。

3月9日

李克强主持召开中央应对新冠肺炎疫情工作领导小
组会议，部署深化防控国际合作防范疫情输出输入，强
调在疫情防控中激烈真抓实干务求实效。

3月10日

习近平在湖北省考察新冠肺炎疫情防控工作，看望
慰问奋战在一线的医务工作者解放军指战员社区工作者
公安干警基层干部下沉干部志愿者和居民群众时强调，
毫不放松抓紧抓实抓细各项防控工作，坚决打赢湖北保
卫战武汉保卫战。

据新华社3月10日消息，李克强日前对森林草原
防灭火工作作出重要批示。批示指出：统筹抓好新冠肺
炎疫情防控和森林草原火灾防范工作。

李克强主持召开国务院常务会议，确定应对疫情影

响稳外贸稳外资的新举措。

中央指导组召开会议，迅速传达学习习近平总书记在湖北省考察新冠肺炎疫情防控工作时的重要讲话精神，部署抓紧抓实抓细各项防控工作。

（来源于人民网·中国共产党新闻网《中央战"疫"日志》，略有调整)

国家院士：
敬佑生命

"苟利国家生死以，岂因祸福避趋之。"自2020年1月20日以来，一批国家院士活跃在武汉战"疫"第一线：钟南山院士团队、李兰娟院士团队、王辰院士团队……他们对武汉市定点医院重症患者救治进行巡诊，评估患者病情和治疗方案，确保科学救治重症患者。国家卫生健康委员会在国务院联防联控机制新闻发布会上称：为了更好地防控疫情，院士团队巡查制度已经建立，众多两院院士驰援在武汉一线。

钟南山

武汉一定能够过关！

夜寂静，寒风料峭，黎明前的天幕中，仍有星光闪烁。

2 月 5 日晚 22：22，中国工程院院士、国家呼吸系统疾病临床医学研究中心主任钟南山接听记者采访电话时，正在与专家们讨论抗击疫情的进一步方案。钟

2020 年 1 月 28 日，钟南山在被采访时数度哽咽

2020 年 1 月 28 日，钟南山接受新华社记者专访（新华社记者 刘大伟 摄）

老再给武汉人民吃"定心丸":"武汉是一座很英雄的城市,有全国人民帮忙,多措并举,武汉一定能够过关!"

记者不禁想起1月底,钟老接受新华社采访时说:"我有一个学生……他听到(武汉)老百姓唱起国歌,很感动……"此时,84岁的他哽咽了。透过屏幕和眼镜,他的双眼已经满含泪水。他说:"劲头上来了,很多东西都能解决……武汉,本来就是一个英雄的城市!"

对!武汉,本来就是一个英雄的城市,武汉一定能够过关!因为,这里是白云黄鹤的诗与远方,这里是高山流水的知音故里,这里是推翻两千多年封建帝制的首义之城,这里有毛泽东畅游长江时写下的传世名句,这里有世界军人运动会的和平薪火……

动与不动,说与不说

自疫情发生以来,84岁的钟南山院士一直马不停蹄地忙碌着。在话筒那头,传来钟老熟悉的声音。他和团队成员正与国家卫健委和全国各地的专家一起,讨论确定全国进一步抗击疫情的方案。

犹记得,17年前,很多专家认为非典病因是衣原体感染,他力排众议,坚持认为是病毒感染;当人们对非典病人避之不及的时候,他说:"把重病人都送到我这里来！"67 岁的他连续奋战 193 天，收治了 300 多名患者，创造了 93% 的痊愈出院实绩。人们总结他开创了"九个最"：最早报告病例、最早使用隔离病房、最早成功抢救病例、最早提出临床诊断标准、最危重病人的救治、最早总结救治方案和原则、最早倡议并主导大协作、最高危重病人抢救成功率、最长连续奋战时间。医学天才＋丰富的临床经验＋强大的决断力和影响力＋仁心仁术＝非典时期的钟南山。

如今，2020 年 1 月 18 日，他又开启了一段济世之旅：这一天是星期六，他从深圳抢救完病人回到广州，当天下午在广东省卫健委开会时，接到通知要他马上赶往武汉。正值春运期间，买不到机票的他，挤上了傍晚 5 点多钟开往武汉的高铁。被安顿在高铁餐车一角的他，阅罢文件，在电脑旁疲惫地闭目小憩的照片，感动了无数人。

这注定是一场载入史册的旅程：

1 月 19 日，出任国家卫健委高级别专家组组长的钟南山，在武汉一整天马不停蹄地调研后，连夜飞到北京；

1 月 20 日上午召开的国务院常务会议，部署了新冠肺炎疫情防控工作，钟南山与李兰娟作为专家列席会议，并对加强疫情防控与救治等提出具体建议；

2020 年 1 月 18 日，钟南山在从广州赴武汉的列车上（图片来自《广州日报》）

　　1月20日下午，钟南山参加国家卫健委举办的新闻发布会，随后他接受CCTV《新闻1+1》连线采访时，回应了白岩松的"连环八问"。他说，目前资料显示，它肯定的有人传人。建议原则上不去武汉、不出武汉。

　　一场举世瞩目的抗疫阻击战，至此正式吹响号角。

　　"几时能动？钟南山说动才动。"这句话早已深入人心。自疫情爆发以来，他的每一次行程和发言，都备受关注。记者的采访，自然最希望从钟老口中听到对于当前疫情形势的研判，钟院士说，这不能随便谈，以免引起恐慌或者大家的期盼落空。

　　于是，我们聊起了武汉正在建设的方舱医院，钟南山注意到有些轻症患者害怕到这里会交叉感染，老人温和地给大家吃"定心丸"：我相信只有确诊病人才会去；一般的发烧就去，是不对的。冬春之际，正值流感高发季节，流感患者很多，注意一定不能混进去。他实事求是地说："实际上我不太了解方舱医院，不太了解它的原则，但是我相信，应该是确诊的、症状很轻的病人才会进去。这一点，请武汉民众尤其是轻症患者放心。"

　　他非常赞成武汉搞"火神山""雷神山"医院，这两座飞速建成的医院，传承"小汤山模式"。当年在北京抗击非典疫情中，小汤山医院立下汗马功劳。钟南山强调："公共卫生事件必须坚持早发现早隔离。对大多数医院大多数医生来说，当务之急是救治病人，尽量减少死亡病例，这是第一位的。"

敢言敢医，只争朝夕

虽然人在广州，但钟老从未缺席武汉重症患者的诊疗方案研判，以他为首的院士团队巡查制度早已建立。记者2月4日下午第9次参加国家卫健委抗击新冠肺炎疫情的新闻发布会，国家卫健委医政医管局副局长焦雅辉说，钟南山院士团队、李兰娟院士团队、王辰院士团队对武汉市定点医院重症患者救治进行巡诊，评估患者病情和治疗方案，评估需要转诊集中收治的患者，确保重症患者科学救治。

"敢言敢医"四个大字，写在钟南山办公室最醒目的位置。谦逊的钟老，却并不愿意对媒体过多地谈自己。

记者从国家卫健委医政医管局监察专员郭燕红处获悉，钟南山等院士团队的工作主要有几个方面：第一，对复杂的重症和危重症患者进行会诊、巡诊，提出建议；第二，协助修订诊疗方案，把一些行之有效的诊疗经验纳入诊疗方案当中，指导全国的医疗救治工作；第三，为疫情的防控提出科学的研判和建议，完善疫情相关防控措施；第四，为科研攻关提供强有力的支撑，这些科研攻关聚焦提升临床医疗水平，尽快地将科研攻关的成果应用到临床，有利于提高医疗救治水平。

眼下，他和团队一手抓病患救治，一手抓科研攻关，日以继夜、马不停蹄。2月9日，由钟南山院士领衔的一篇名为《中国2019年新型冠状病毒感染的临床特征》研究论文，在医学类预印本杂志 *medRxiv* 上发表。钟南山院士联合国内多位专家，对1099例（截至1月29日）新冠肺炎确诊患者的临床特征进行了回顾性研究。这是迄今为止关于新冠肺炎的最大规模病例样本分析。

2月13日，科技部宣布：钟南山、李兰娟院士团队近日分别从新冠肺炎患者的粪便样本中分离出新型冠状病毒，这一发现证实了排出的粪便中的确存在活病毒，对于准确认识疾病的致病传播机理，帮助全社会有针对性地做好防控，切断疫情传播途径具有重要意义。

而最让钟老高兴的，可能还是从2月3日开始，全国除湖北以外地区，新增确认病例终于呈现连续下降明显的趋势！截至2月14日，向来谨慎的钟老，并不轻言拐点是否已到，他强调："我们仍需加强防控，不可放松警惕！"

随着春运返程和企事业单位开复工带来的人员流动高峰的到来，钟院士非常关注各地疫情防控措施的落实情况。他说，只要所有相关部门都认真做好排查措施，大家都注意做好自身防护，返程春运和全面开复工就不会有太大问题。

虽然前段时间，新增确诊病例直线上升，尤其湖北地区病例居高不下，但他一直坚信的是：当年 SARS 持续了差不多五六个月，我相信这个新型冠状病毒不会持续那么长。因为我们在第三波疫情开始后，国家层面已经采取强力的措施，特别是早发现、早隔离，这两条做到了，我们有足够的信心防止大爆发或者重新大爆发。

整理钟老抗击新冠肺炎的日志时，感人的一幕幕重现眼前。"武汉，本来就是一个英雄的城市！"这位 84 岁老人所说的话，还有他双眼满含泪水的样子，一遍又一遍在脑海中闪回。

惊蛰的春雷近了，万物正在复苏。钟老，请您相信，英雄的武汉很快将从暂停键中醒来，正如楚凤涅槃般浴火重生，必然更加璀璨夺目！

那时，请您，一定再到这座美丽的两江交汇之城，听一曲黄鹤楼上的玉笛，赏一赏滚滚长江上的夕照，看一看那东湖梅花如雪乱，樱花将落满珞珈山坡……

（记者　柯立）

钟南山战"疫"行程录

1月18日

这一天是周六，钟院士从深圳抢救完相关病例回到广州，当天下午还在广东省卫健委开会时，便接到通知要他马上赶往武汉。

当天的航班已经买不到机票了，助手匆匆替他回家收拾行李，直接到会场跟他会合，匆匆挤上了傍晚5点多钟开往武汉的高铁。春运期间高铁票紧张，临时上车的他被安顿在餐车一角。一坐定，他便马上拿出文件来研究。他在电脑旁闭目小憩的照片，感动了无数人。

晚上快11点到达住处，他简单听取了武汉方面的情况，满满当当的一天工作和行程才算结束。

1月19日

上午开完会，出任国家卫健委高级别专家组组长的钟南山院士，又前往武汉金银潭医院和武汉疾控中心了解情况。中午来不及休息，下午开会到5点，连夜从武汉飞往北京。一下飞机，他马上赶往国家卫健委开会，回到酒店，凌晨2点多钟才睡下。

1月20日

早晨6点多，只睡了不到4小时的钟院士就起床了，看文件准备材料。上午召开的国务院常务会议，部署了新冠肺炎疫情防控工作，钟南山与李兰娟作为专家列席会议，对加强疫情防控与救治等提出具体建议。

下午，参加国家卫健委举办的新闻发布会，随后接受《新闻1+1》连线采访时，回应了白岩松的"连环八问"。他说：目前资料显示，它肯定的有人传人。建议原则上不去武汉、不出武汉。

1月21日

他参加广东省首场疫情发布会，称超级传播者是大问题。

1月24日

出任疫情应急科研攻关组长，大年三十仍然坚守在抗疫一线。

1月28日

他为一线医护人员加油："我知道你们是面临着非常困难的局面，你们是去最艰苦的地方，最前线的地方，最困难的地方，最容易受感染的地方，我向你们致敬！"

当天，他接受新华社采访，含泪为武汉加油："劲头上来了，很多东西都能解决。大家全国帮忙，武汉是能够过关的。武汉本来就是一个很英雄的城市！"

1月29日

参加广东省危重患者远程会诊。

1月30日

他再赴北京参加疫情座谈会。临行前，他从早上6

点钟开始，在前往机场的车上、候机厅里，与国际流行病学领域声名显赫的"病毒猎手"利普金教授交流。2003年，利普金是首批应邀来华协助中国抗击 SARS 的国际知名专家。

国务院总理李克强 1 月 30 日在中国疾控中心召开座谈会，就进一步加强科学防控疫情听取专家意见。钟南山院士等根据当前疫情走势提出意见建议。会议开始前，总理说，本该与大家握手的，但按你们现在的规矩，握手就改拱手了。

会议结束后，李克强与专家们告别时，特意对钟南山说："还是握一次手吧！"

这是钟南山半个月来第二次与总理握手，上一次是 1 月 20 日李克强主持召开国务院常务会议，进一步部署新冠肺炎疫情防控工作等，专门邀请钟南山等专家参会并发表意见。当此项议题结束后，总理特意走出常务会会场，与钟南山等握手话别。

2月1日

钟南山为广州驰援武汉医疗队送行。

2月2日

钟南山接受央视记者采访时，认为新型冠状病毒有可能通过粪口传播。

他说：现在这个问题应该非常重视，因为在粪便里发现病毒，粪便是否传染病毒值得高度警惕。在湖北、江西有些地方，确实有使用便桶习惯，还放在鱼塘里洗，确实要引起防控注意。

2月4日

钟南山通过视频，为"国家呼吸系统疾病临床医学研究中心武汉病毒诊断研究分中心"云授牌，希望进一步帮助提升湖北病毒诊断能力。该中心已经正式纳入湖北新型冠状病毒核酸检测服务机构，此次挂牌后，将协助汉口医院、金银潭医院及协和医院进行病毒核酸检测工作，同时也将优化检测方法，把单日检测能力逐步从1000例提升到5000例以上。

2月9日

由国家卫健委高级别专家组组长、中国工程院院士钟南山领衔的"中国2019年新型冠状病毒感染的临床特征"研究成果，在预印本杂志 *medRxiv* 上发表。目前论文还在投稿阶段，发布前需要全球同行评议。

论文中，对来自31个省、自治区、直辖市的总计1099例（截至1月29日）新冠肺炎确诊患者的临床特征进行了回顾性研究。研究发现，新冠肺炎的中位潜伏期为3.0天，最长可达24天。针对文中披露的潜伏期最长为24天，记者问是否具有一定普遍性，是否需要延长隔离期。该论文研究团队认为：这仍是个例。

2月10日

《人民日报》刊发钟南山院士访谈，他认为：新型冠状病毒是冠状病毒的一种，它跟 SARS 冠状病毒是"平行的"。新冠肺炎病死率远低于 SARS、埃博拉、H7N9。

近日，广州成功分离本地被感染病例的新型冠状病毒毒株，为后续推进新冠肺炎的防控工作奠定了坚实基础。"根据我们的观察，发现病毒的传染性强，但病死率相比其他冠状病毒并不高"，钟南山说，根据目前观察的情况，新冠肺炎的病死率约为 2.7%，且患者大多为中老年人，病死率虽然比普通流感强，但远比 SARS 冠状病毒、埃博拉病毒或 H7N9 流感病毒低。

针对目前仍有部分地方存在谈新冠肺炎色变的现象，钟南山表示，大部分人只要早期发现后，保证充分的休息，并配合进行治疗，就不会有问题，"要重视，但是无需恐惧"。

2月11日

钟南山在广州接受了路透社记者长达 90 分钟的专访，全程用英文交流。他认为新冠肺炎疫情会在 2020 年 2 月出现峰值，并希望 4 月份能够结束。

2月13日

科技部宣布：钟南山、李兰娟院士团队近日分别从新冠肺炎患者的粪便样本中分离出新型冠状病毒，这一发现证实了排出的粪便中的确存在活病毒，对于准确认识疾病的致病传播机理，帮助全社会有针对性地做好防控，切断疫情传播途径具有重要意义。

2月17日

钟南山连线武汉 ICU 团队：疫情峰值预计 2 月中下旬出现，4 月底将基本平稳。

2月18日

钟院士出席广东省疫情防控新闻发布会，他率先摘下口罩。发布会最后，他和在场的人聊了几句家常，脸上露出久违的笑容。很多人说，看到钟南山笑，自己也跟着笑了，但是笑着笑着，眼泪也掉了下来。

2月22日

钟院士团队专家赵金存教授宣布：从新冠肺炎患者的尿液中分离出新型冠状病毒。

2月23日

钟院士与驰援荆州的广东医疗队远程会诊，指导救治工作。他说，现在美国流感大流行，病例远远高过新冠肺炎病例。把流感和新冠肺炎鉴别开来是当务之急。

2月24日

钟南山接受央视采访时表示：SARS 在 17 年间有零星地出现，但没形成气候。新冠肺炎像流感那样每年都有的可能性较小。

2月26日

钟南山被富士康集团聘请为新冠肺炎防疫及复工总顾问。针对近期各地复工复产，钟南山建议：一是工人上班之前接受核酸和 IGM 的双检测，两个检测结果能证明没有被感染，可以正常参与工作。工厂的自来水龙头、厕所下水道都必须保持通畅。

2月27日

广州市政府在广州医科大学举行新闻通气会，钟南山院士透露了很多重磅信息。他表示，得益国家对于疫情的强力干预以及返程高峰过去，疫情预计可以在四月底基本控制。疫情首先出现在中国，但并不一定发源在中国。"首先发现"和"发源"不能划上等号，但我们也不能就此判断疫情是来自国外。只有对新冠病毒进行溯源，才会有结果。

近期，新冠肺炎病例数在日本、韩国等几个国家出现了明显增长。对此钟南山表示，国外病例有可能对国内形成汇入感染，要加强国际间的合作，分享经验，形成联防联控，早发现、早隔离。

2月28日

钟南山院士领衔、李兰娟院士等参与的"中国2019新型冠状病毒疾病的临床特征"研究，在《新英格兰医学杂志》在线发表。通过从中国30个省、自治区和直辖市的552家医院中提取了1099例（截至1月29日）新冠肺炎患者数据，研究结果明确病死率为1.4%；发现了仅有1.9%的患者有直接接触过野生动物的病史等；最新的潜伏期中位数为4天，潜伏期主要是

2—7天；过半患者入院时无发热表现；初次就诊时，有
2.9% 的重症患者和 17.9% 的非重症患者未发现影像学
异常；不能排除"超级传播者"的情况；8.9% 的患者在
发生肺炎之前便可检测到新冠病毒感染。

（记者　柯立　整理）

人民日报官微 @ 徐北大：风雨压不垮，苦难中开花。我是一位警察，这段时间一直在外执勤，对每一位来往的市民进行体温检测。虽然我和您处在不同的工作岗位上，但是我想和您并肩而行，一起为人民的健康护航！

新华网官微 @ 小小：2003 年，非典肆虐。您说："把最重的病人送到我这来。"2020 年，武汉有事。您一边告诉公众"尽量不要去武汉"，一边自己登上去武汉的高铁，挂帅出征。钟老，您仿佛永远是一位"逆行者"。

新华网官微 @ 夏雨：在民众眼里，您代表正直，代表科学，代表权威。在危难中挺身而出，奋勇向前，您就是国家栋梁，就是民族脊梁！

长江日报官微 @ 心花：所谓医者，妙手仁心。这世上缺回天的妙手，更缺无畏的仁心。而您，二者兼具。

长江日报官微 @ 多多米：84 岁的钟南山，有院士的专业，有战士的勇猛，更有国士的担当。

　　一路奔波不知疲倦，满腔责任为国为民，的的确确令人肃然起敬！

　　武汉晚报官微@念想：哪有什么岁月静好，不过是有人替我们负重前行。从您斑白的头发和脸上的倦意，我们看到了又一场硬仗在等待着您。

　　武汉晚报官微@李红兵：实地了解疫情、研究防控方案、上发布会、连线媒体直播、解读最新情况……钟南山的工作时间一再延长，休息严重不足。但是，对于广大公众来说，他的出现就给大家吃了一颗"定心丸"。

李兰娟

这一次，我来当一名医生！

73岁，本应是含饴弄孙的年纪，她却不顾家人朋友的劝阻，主动向国家请缨来到全国疫情风暴的中心——武汉，她就是中国工程院院士、国家卫健委高级别专家组成员李兰娟。

李兰娟接受专访（新华社记者 黄宗治 摄）

这是她第二次来汉。第一次，她和钟南山院士一起向市民披露了"肺炎"的真实情况。这一次，她带来了团队中的10位精兵强将，还带来了针对"肺炎"重症、危重症患者的治疗方案。她说："这一次，我来当一名医生！"

李兰娟在列车上接受视频采访

这场战役不成功，我们就不撤兵！

2020年2月2日凌晨4时40分，由李兰娟领衔的浙江高级别专家组乘坐的火车抵达武昌火车站。在宾馆稍作休息后，上午9时许，李兰娟院士顾不上吃早饭，就来到武汉大学人民医院东院区，开始对接工作。

前一日，国家卫健委授命浙江省派专家组驰援武汉，帮助治疗武汉的危重病人，73岁的李兰娟院士主动请缨。很快，由她领衔、浙大一院副院长陈作兵等组成的十人专家组成立，当晚9时登上了开往武汉的火车。

2日上午，李兰娟院士一行与武汉大学人民医院相关负责人进行了工作接洽。双方商定，从3日开始，浙江专家团全面入驻该医院东院区的重症监护室、隔离病房、发热门诊，与本地专家打"配合战"，共同救治危难中的新冠肺炎患者。同时，她和她的团队还将"主攻"危重病人，减少患者死亡率。

当日下午，李兰娟院士在武汉接到国家卫健委的紧

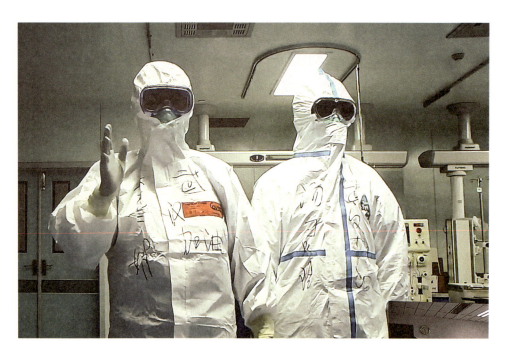

2020 年 2 月 11 日，李兰娟在武汉大学人民医院东院区 ICU 内了解病人情况（金振强 摄）

急任务——修订《新型冠状病毒感染的肺炎诊疗方案（试行第五版）》。据了解，方案第四版 1 月 27 日才刚推出，第五版又将在这一版的内容上修订完善。

"随着国家卫健委高级别专家组对此肺炎认识的不断深入，治疗方案当然得不断调整，目的只有一个，就是减少重症、危重症的发生率，给患者更好的治疗，抗击疫情一刻都不能耽误啊！"陈作兵说。

"我们这次带来了感染科、重症监护室、人工肝等科室的精兵强将，还有最先进的仪器设备。我们李兰娟院士说了，抗击新冠肺炎这场战役不成功，我们就不撤兵！"陈作兵说。

抵汉第二日进 ICU 病房，
为危重症患者制定治疗方案

2月3日上午，抵汉第二天的李兰娟，走进武汉大学人民医院东院区 ICU 病房，问诊 7 名危重症患者，为他们制定了初步的治疗方案。

"您都73岁了，就别进 ICU 了！"进重症监护室前，有好心的医务人员提醒。

"没事，我心里有底，病房是一定要进的！"李兰娟院士坚定地说。

问诊完 7 名危重症患者，李兰娟院士心情不轻松。"7 名患者普遍年纪比较大，发病时间长，继发感染严重，抢救难度较大，但我们打算和本地专家一起，采用气道管理、体外膜肺氧合、CRRT 血透等技术，尽全力救治。"她说。

当日上午，根据国家卫健委的安排，浙江援助湖北专家组、四川援助湖北专家组在该医院成立了"新型冠状病毒国家级指挥中心"，将按照国家卫健委发布的治疗方案，重点抢救危重症患者。武汉大学人民医院下一步也将主要收治危重症病人。

"要减少危重症患者比例，降低死亡率，一方面要集中收治，所有的危重症患者都收治在几家定点医院，

李兰娟表示：来武汉就是和武汉的医务人员一起救治危重病人

保证必要的救治设备和优秀的医疗人员；另一方面是要提高救治水平，我们带来了人工肝系统、微生态平衡等针对传染病人救治的'浙江方法'。"李兰娟院士说。

针对近几日武汉新增确诊人数较多的情况，她说："这是在预料之中的，现在是高峰期，潜伏期的病人都暴露出来了。现在要避免确诊患者发展成为重症患者，方法就是早隔离、早治疗。"

李兰娟院士对武汉市"四集中"的救治原则予以肯定，她提醒，隔离人员不能住中央空调房间，这样达不到隔离的效果，此外要注意做好下水道的消毒工作。

给四川援助湖北医疗队做培训，消除年轻医护人员的担忧

来武汉前，有人问李兰娟院士："您73岁了还要上前线吗？很危险的！"李兰娟院士说："我知道怎么隔离、怎么防护，上前线没问题！"

"武汉市金银潭医院是传染病专科医院，但它的医护人员感染率是最低的，所以只要做好防护是可以接触病人的。"3日下午，李兰娟院士给四川援助湖北医疗队的队员做感控培训，打消了年轻医护人员的担忧。

李兰娟院士说："今天现场有我们浙江医疗队和四川医疗队的成员，我们的目标是一致的，就是让武汉的病人得到治疗，通过我们的努力降低病死率。同时，我们也要注意防护，既要抢救病人，也要保护好自己。"

她提到，当天上午去了武汉大学人民医院，医院感染防控整体做得不错，清洁区和隔离区分开，但隔离病房远程会诊还没有建立起来。在浙江，隔离病房里的医护人员一般不用出来，他们通过远程设备，和外面的大专家进行远程会诊，得到大专家的指导。有需要的话，

李兰娟为援汉医护人员培训

2020 年 2 月 11 日，李兰娟在武汉大学人民医院通过云视频远程会诊系统重症监护室查房（金振强 摄）

外面的专家也可以进去，这样可以减少医护人员院内感染。她建议武汉的医院赶紧把隔离病房远程会诊系统建立起来。

她还提醒医务人员，"给病人做气管插管时，自身一定要'全副武装'，操作时要准确给氧，同步的护理要跟上。大家对医院的清洁区、污染区要区分清楚，保持良好的精神状态，科学施救。"

避免重症病人转化为危重病人，是目前的当务之急。李兰娟院士向医护人员"科普"了人工肝系统、四抗二平衡救治策略，这些救治方法在浙江省抗击SARS、H7N9 时发挥了重要作用，四川医疗队的队员们均表示受益匪浅。

实验室抗病毒研究出成果，两种药物能有效抑制冠状病毒

2 月 4 日，李兰娟院士团队介绍，他们在杭州的实验室取得了抗病毒研究的阶段性成果。

李兰娟院士说，根据初步测试，在体外细胞实验中显示：

（1）阿比朵尔在 10—30 微摩尔浓度下，与药物未处理的对照组比较，能有效抑制冠状病毒达到 60 倍，并且显著抑制病毒对细胞的病变效应。

李兰娟团队发布重大研究成果

（2）达芦那韦在 300 微摩尔浓度下，能显著抑制病毒复制，与未用药物处理组比较，抑制效率达 280 倍。

李兰娟院士说，抗艾滋病药物克力芝对治疗新型冠状病毒感染的肺炎效果不佳，且有毒副作用。她建议将以上两种药物列入国家卫健委《新型冠状病毒感染的肺炎诊疗方案（试行第六版)》。

李兰娟院士团队成员、浙江援鄂重症救治组领队、浙大一院副院长陈作兵提醒："这两种药为处方药，患者一定要在医生的指导下服用。"他还介绍，现在这两种药物已经在浙江省新冠肺炎患者中使用，下一步计划用这两种药物替代其他效果欠佳的药物。

（记者　黄琪）

手记
记者

与时间赛跑的 73 岁老太

2月3日，第一次见到"传说"中的李兰娟院士，是在她录完央视连线节目后。她走出演播室，和主持人亲切合影，准备上车回酒店时，我向她提出了采访请求。

一旁的助手想帮李院士推掉采访，但李院士用柔和的江浙口音说："没关系，他们记者也很辛苦的。"我心中升腾起一股暖意，确实，为了"追"李兰娟院士，我已蹲守了两天。

走出演播室的李兰娟
（苗剑 摄）

我就武汉的疫情与李兰娟院士进行了交流，院士丝毫没有架子，将她的观点和建议一一道来。她说，这次来的主要目的是救治武汉新冠肺炎的重症和危重症患者，她想把浙江新冠肺炎"零死亡"的经验带来武汉。

4日，我在武汉大学人民医院又一次见到了李兰娟院士，这一天，她很兴奋地向央视记者和我介绍了实验室研究的结果：经体外实验，阿比朵尔、达芦那韦对抑制新冠病毒有良好的效果。李院士团队告诉我，这两种药物在浙江的新冠肺炎患者身上已经使用了，反映不错，她很希望通过媒体将她的科研成果与同行分享，给大家一个参考和讨论的方向。

作为一个阶段性的成果，长江日报新媒体第一时间发布了这个消息，之后迅速被各大平台转发，给疫情之下的人们带来极大的鼓舞。

2月5日，浙江专家团队的朱梦飞医生兴奋地对我说："在李兰娟院士的指导下，武汉大学人民医院一位70岁的女性危重症新冠患者，经李氏人工肝治疗后，升压药量往下撤，吸氧浓度由100往下调到85，心率由每分钟最高120次降到68次，各项身体指标明显好转，希望更多重症肺炎患者受益。"

我还从浙江专家团队中了解到，李兰娟院士在汉期间，每天基本只睡三四个小时，她不是在医院的ICU问诊，就是在参与新药研发，或修订新版的新冠肺炎诊疗方案。

73岁的老太太似乎有用不完的精力，与病毒赛跑，分秒必争。从她的身上，我看到一位医者对事业的无限热情和对人民的无限关爱。

（记者　黄琪）

新华网官微 @ 糖糖：凛冽的寒风依然阻挡不了您赶赴武汉的脚步，您亲临一线，为的不仅是武汉的市民，更是全体国人。每一位国人都会记得年过七旬的您，依然肩负着神圣的使命。

新华网官微 @ 甜甜的果子：从您的话语中，我们明白了当您来到了武汉后，就把武汉当作了自己的另一个家，而武汉市民都是您的家人。现在，您来了，家人们就有了战胜疫情的信心。

长江日报官微 @A 田野老：老骥伏枥，老当益壮！实在不忍心看到老人家亲临现场坐镇指挥，毕竟年龄不饶人，保重身体要紧，武汉人民感谢你们。

长江日报官微 @12 木：作为正在居家隔离的武汉本地人，这样的消息真的给了我莫大的支撑下去的力量。希望能同时带来好运。武汉和中国，快快好起来吧！

王 辰

方舱医院，撑起武汉的生命之舟

　　三月将至，春寒料峭，东湖和珞珈山的早樱已探出枝头。中科院院士、中国医学科学院院长、国家呼吸临床研究中心主任王辰来武汉抗击疫情，已经一个月了。由他建议和倡导的方舱医院，在武汉已建成 16 家，实际开放床位 1.3 万余张。武汉的新冠肺炎患者每 4 人就有 1 人是在方舱医院治疗的。方舱医院目前做到了"零感染、零死亡、零回头"，为疫情风暴中的武汉，撑起了诺亚方舟。

　　一个月来，"武汉保卫战"空前激烈，他和团队一直工作在武汉临床一线救治新冠肺炎患者、指导方舱医院建设和工作，并通过网络远程会诊外地疑难危重患者；同时积极探索新的药物、新的疗法，及时将行之有效的治疗方法纳入诊疗方案，指导全国的医疗救治工作。

这些院士在战"疫"一线冲锋

王辰 院士
中国工程院副院长、中国医学科学院院长

"疫情防控有两条主线，一是防控和诊治，二是科学研究。在重大突发疫情的关键时刻，科研人员要能顶得上。"

2月26日的武汉，阴有雨，王辰又开始了争分夺秒的一天：从清早开始，巡查病房，救治病人，会商药物临床试验，向武汉市委书记王忠林提出优化核酸检测等建议……忙得饭都顾不上吃；晚上，到金银潭医院讨论病例，会议室坐满了湖北和全国各地驰援的医务和科研人员，上海援汉医疗队成员、仁济医院呼吸科主治医师查琼芳在援鄂第33天的日记中这样写道："……每讲完一个案例，都有老师提问，来自华中科技大学同济医院的刘良教授和中日友好医院的曹彬院长都一一解答。最后王辰院士就目前的研究方向、激素治疗的时机、抗凝药物的运用等提出了自己的想法。两个多小时的学习，感觉收获很大，尤其对以后临床治疗新冠肺炎患者有很大的指导意义……"

方舱医院："关键时刻，关键之举"

早在1月20日，国务院常务会议进一步部署新型冠状病毒感染的肺炎疫情防控工作。按照中国工程院党组要求，副院长王辰当天牵头组成专项工作组，联合相关领域院士深入研究，动态征集意见建议。他说："疫情防控有两条主线，一是防控和诊治，二是科学研究。在重大突发疫情的关键时刻，科研人员要能顶得上，及时科学研判疫情，制定有针对性的防控策略。"

2月1日20时30分，作为国家援鄂抗疫医疗队的成员，中日友好医院第三支援鄂医疗队一行25人抵达武汉，王辰教授也在其列。正值疫魔最嚣张之时，王辰等专家经过调研，直观的感受是形势严峻：大批患者未能及时收入医院，家族式聚集发病形势很严峻；病毒核酸的检测能力依然不够；武汉到底有多少病人，数目并不十分清楚。

所见所闻让他心情沉重，彻夜难眠。结合多年经验，他和团队提出一系列有建设性的建议，并被付诸实施。方舱医院就是其中重要举措之一，新华社对此的评论就是八个字"关键时刻，关键之举"。这批"生命之舱"投入战斗，阻断了传染源，扭转了局势。

王辰当时说，当务之急，是解决病毒的社会传播和扩散问题，如果大量轻症患者居家或疑似病人在社区流动，会造成社会和家庭进一步的感染，使疫情形势更严峻。而且，在医院床位紧缺的情况下，这些患者若得不到有效收治，会陷入困境甚至生命危险。

在王辰等中央赴湖北指导组专家的建议下，武汉防疫阻击战的战法大变：集中收治，集中隔离，集中观察，不再轻症居家观察了。

方舱医院的大规模使用，
中国采取的"重大公共卫生举措"

王辰院士提出方舱医院的建议，与他 2003 年抗击 SARS 战"疫"的经历有关。当年 41 岁的王辰，任北京朝阳医院院长，是北京市最早接触非典病人的专家之一。他率领团队到朝阳妇幼保健院，48 小时组建了一个高标准的非典隔离病房，给其他医院做出了范本；又主动请缨，接管宣武医院非典的重症监护病房。正因为有当时积累的经验，王辰才大胆提出建设方舱医院的

2020 年 2 月 13 日，
王辰在武汉疫情防控
碰头会上（周超 摄）

设想。

王辰等专家的建议，得到中央高度重视。记者从国务院新闻办的发布会上了解到：中央指导组调动22支国家紧急医学救援队及车载方舱、3支国家移动核酸检测实验车，星夜赶往武汉；武汉市各级政府和相关部门落实各项措施，夜以继日地组织力量施工改造；76支医疗队8000多名医务人员在几天内陆续进入方舱医院，边建设、边接收、边治疗，迅速开展工作。

原有的方舱医院主要从事野外救援，一般只有接诊200人次的医疗能力，这次武汉保卫战中的方舱医院，因地制宜地进行了改良：选用体育馆、会展中心等开阔的场所，扩充收容体量，并按比例配备医护人员，为无处收治的轻症患者，搭起"救命之舱"。

"启用大空间、多床位的'方舱医院'，这是中国采取的重大公共卫生举措。"王辰说："把核酸检测的量提上去，提高检测率、确诊率；把所有的确诊轻症患者统一集中收治隔离，以免造成更大范围的扩散，这是当前打赢疫情防控阻击战的两大关键问题。"

初时外界对此有多重担忧，王辰说："这不是'至善之策'，却是可取之策，现实之策。""最重要的就是要抓落实。"

经过紧张的设计和筹备，2月4日早上7：00开始，一批又一批工人到场搭建；仅仅29个小时，第一批有 4000 张床位的 3 家方舱医院就建设完成，首批轻症患者入院接受治疗……截至 2 月底，已经在武汉建立了 16 家方舱医院，可以提供 1.3 万余张床位。武汉新冠肺炎治疗床位紧张、轻症患者得不到救治的情况，彻底扭转；网上各种悲惨呼救的帖子，迅速减少。从一床难求，变成确诊患者必须住院，轻症或疑似的想在家里隔离都不行。国家卫健委负责人 2 月 28 日在国务院新闻发布会上说：现在回头看，建设方舱医院是一项非常关键、意义重大的举措。我们在短期内迅速扩充了医疗资源，用其他方式是很难短时间解决这么多床位的。方舱医院的大规模使用，在我国医学救援史上具有标志性意义。

战"疫"的治疗模式也清晰起来：对于疑似病患，先在社区筛查，之后确定是在社区隔离或者转入相应的医院救治；对已确诊的轻症病患，进入方舱医院，进行隔离观察和治疗，如果加重就转入 28 家定点医院治疗；对于重症患者，集中在雷神山、火神山医院治疗；对于危重患者，集中最好的医疗条件和资源予以治疗。

方舱医生感慨："医患关系回来了"

方舱医院建设之初，在网络上引起不少争议。质疑者认为这种临时性医院设施差、病人太密集。

王辰强调，方舱医院都是确诊的轻症患者，同时在诊疗过程中还需排除流感等其他呼吸系统疾病，所以不会造成患者之间的交叉感染。方舱医院里配有专门的感染控制的团队来加以指导，是缓解当前武汉医疗资源不足问题、降低感染率的一个有效方法。

随着入住患者越来越多的视频流出来，大家发现方舱医院里的生活丰富多彩：广场舞、太极拳、八段锦、健身操、读书、高三学生复习备考……医护人员精心照护，里面的伙食也不错。应对新冠肺炎的武汉升级版方舱医院，从最初的3座，不断增加，有效实现了床等人，出奇制胜。

2月27日，《武汉晚报》的微信公众号有篇《请原谅我的不告而别！"方舱"里，纸短情长……》，记者读后，瞬间泪目。

文章开头说的是一患者达到出院标准，照顾他的贵州护士问他啥时出院，说要送送，他笑着没说话，悄悄不告而别，留下一封感谢信："其实我并不是不想她们送我，只是我害怕伤感，害怕控制不住情绪，不想说再见。我永远记得你们的名字……你们6位医护十多天的精心照顾，让我平安地度过了这个寒冷的冬天……"

据贵州第二批援鄂医疗队领队刘辉介绍，截至2月26日24时，他们共收到患者寄来的锦旗15面、感谢信78封。在病房医护工作区的墙上，满满一面墙，承载着患者对医护人员的满心感激和点滴故事，文字朴实而感人，比如来自江汉方舱医院47号病房患者留言："开初我们病房少有交流，更无欢笑……你们来了，护目镜遮不住你们满眼笑意，你们的问候和煦温婉，在你们的感化下，武汉人的大嗓门在病房里响起……"

王辰院士介绍，方舱医院在诊断和治疗上已经越来越多地形成规范的流程，尤其经过十多天以来的磨合，已经形成诊断治疗的程式。方舱医院的病人，大多是轻症病人，在方舱医院里组织一些人文的活动，对于舒缓病人的紧张情绪，提高病人的生活状态和质量是非常有帮助的，对病情也非常有帮助。

让他欣慰的是，在方舱医院里边，出现了很多非常感人的情景，患者之间互相帮助，医患之间的关系高度协调。有医生发感慨地说，我们现在真感觉十几二十年前那样的医患关系好像又回来了。这个就是方舱医院带来的人文关怀的效应。

（记者　柯立）

医生·校长·院士：
挺身而立的诗意灵魂

　　他是优秀医生、工程院院士，更是年轻学生喜欢的好校长——饱读诗书，气质儒雅。听他讲课或聊天，是一件非常愉快的事，各种成语佳句信手拈来。

　　他的父母皆为大学教授，小学就广涉名著，所住大学家属院内，也住着著名作家冰心和吴文藻夫妇、社会学家潘光旦、《仓央嘉措诗集》翻译为汉语和英语的藏学家于道泉……少年时代还向身边的"活字典"蒙古史学家贾敬颜请教问题。这些大知识分子严谨、求真、谦和的言行，王辰耳濡目染、印象深刻。他当北京协和医学院校长时，反复叮嘱学生多读书，让知识更全面。

　　采访王辰很困难，不是"架子"大，而是他太忙。他做人低调、做事高调，为人谦虚在业内早有口碑。与他交流，谈自己，总是一语带过，谈医学、谈病人救治，眉飞色舞、金句频出。比如，2019年12月荣获年度吴阶平医学奖，迄今只20人获奖。得此殊荣，他说："一切过往，皆为序章"。

　　外表谦和的他，内心却充满激情和正义，作为北京协和医学院的校长，他在每个开学、毕业典礼上的演讲，总能"圈粉"无数。炎夏毕业季，他着长袍、戴礼帽演讲，烈日下挺立如松柏；开学典礼恰逢暴雨，他把演讲台搬离干爽的屋檐下，和学生一起站在雨中，一个多小时笔直挺立着，西服泛着水光、头发被淋湿贴在一起。他说：任由汗流浃背，任由冷雨凄风，都要做挺身而立的人……

众多头衔中，他最看重的是医生。他硕士、博士师从呼吸病学泰斗人物翁心植，以严格著称。"我们当时导师的要求是 24 小时在医院，一周只有星期日的早上八点钟到晚上八点钟是自由时间，那会儿从病房里出来，一看到阳光都觉得特别灿烂。因为我一门心思在里面，所以确实是不觉其苦"。

他拒绝精致的利己主义，认为"善良始终是医生的第一素养"。正是因为善良，医生才能够不功利，将很多救治之外的影响因素排除开。"医生在面对求救的时候，就必须担当这个责任。"

武汉新冠肺炎疫情爆发后，王辰随中日友好医院国家医疗队抵达武汉，组织院士专家开展救治，启动了瑞德西韦治疗新冠肺炎的临床研究，"在重大突发疫情的关键时刻，科研人员要能顶得上"。

他不喜欢拿架子，不装腔作势。"内心的强大和自尊才能够让人家感到如沐春风，才能够外显为一番大家的质朴和谦和。拿姿作态、搔首弄姿是小知识分子的体现。"

　　写他，记者脑海浮现一句话："瞻彼淇奥，绿竹猗猗。有匪君子，如切如磋，如琢如磨……"

（记者　柯立）

网友热评

人民日报官微@李松枝：在您看来，方舱医院不是"至善之策"，但是"现实之策"。正是在您的建议下，多床位的"方舱医院"在武汉迅速启用，为患者带来了重生的曙光。

人民日报官微@段鸿：您是患者心中的"硬核偶像"，方舱医院不仅是公共卫生防控与医疗的一个重大举措，更在医生与患者之间搭上了一座桥梁，形成人世间最美好的医患关系。

人民日报官微@水金鱼：您既是院士，也是战士！在疫情防控的关键阶段，您重新披挂上阵，在抗疫主战场发挥了不可替代的作用。

新华网官微@冷子剑：王院士对疫情的发展情况的清晰、准确判断，解答通俗易懂，不仅体现了其负责任的态度，更体现了他的为民情怀。

新华网官微@安飞：王辰院士的话让人踏实。这份踏实来自秉承科学精神的实事求是，来自像王辰这样敢于担当的一线专家。这也提醒我们，在科学精神的指导下推进科学防治，尤为重要。

院士群像

李晓红

率中国工程院七天五度"上书"中央

2010 年至 2016 年期间，中国工程院党组书记、院长李晓红曾任武汉大学校长，从自称"武大新人"到备受学生们喜爱的"红哥"，他对武汉充满感情。

2020 年 1 月 20 日上午，李晓红专门召开党组会议，启动应急反应机制，对组织院士专家参与疫情防控工作作出部署。仅 1 月 20—26 日间，中国工程院就组织了近三十位院士、十余位专家提出系列意见建议，涉及防控策略、临床诊治、药物研发、科技攻关等多方面。

钟南山作出"新型冠状病毒感染的肺炎人传人"的重要判断，李晓红、王辰带领专项工作组认真汇总整理院士专家建议，通过综合研判，七天内向党中央和国务院报送 5 期疫情防控建议，为党和政府科学应对疫情防控提供了重要支撑。

乔 杰

军令如山，三十几个小时
组建起危重症病房

2020 年 2 月 1 日，北京大学第三医院派出第二批支援湖北医疗队，中国工程院院士、北京大学第三医院院长乔杰带队出征。乔杰是国家妇产疾病临床医学研究中心主任，科技部"生殖与发育重大专项"首席科学家，被称为"生殖医学方面的神级人物"。

在接受央视采访时，乔杰说自己是"带着军令来组建危重症病房，要把这个救治的关口抓住，尽量地提高治愈率，降低病死率"。接到任务后，她率队仅用了几个小时就迅速赶到机场。抵达武汉后三十几个小时，就组建起危重症病房，开始收治危重症患者。

此次来汉，乔杰很关心湖北孕产妇疫情的防治情况，她亲临产科病房，与住院的孕产妇交流，鼓励大家齐心协力打赢这场抗击疫情战。

陈　薇

"埃博拉终结者"来汉，
大大加快确诊速度

2020 年 1 月 26 日，中国工程院院士、军事科学院军事医学研究院研究员陈薇团队正式进驻武汉。得知消息，很多网友说道"放心了"。

陈薇带领团队研发的广谱抗病毒药物在抗击 SARS 中发挥了关键作用，1.4 万名预防性使用"重组人干扰素 ω"喷鼻剂的医护人员无一例感染。她还曾牵头研发了世界首个 2014 基因型"埃博拉疫苗"，被称为"埃博拉终结者"。

抵达武汉后，他们紧急展开的帐篷式移动检测实验室随后开始运行，大大加快了确诊速度。眼下，她的团队一边抓确诊病例，一边快马加鞭、争分夺秒地研发新型冠状病毒疫苗。美国科学家宣布将在 12 周内研制出新型冠状病毒疫苗，陈薇接受《中国科学报》采访时说，我相信我们国家科研人员的速度不会亚于美国。

众多院士集结武汉，
为战"疫"寻找"解药"

自 2020 年 1 月 20 日以来，还有众多院士奋斗在武汉战"疫"一线，用行动诠释了何谓"国士无双"。

马不停蹄，昼夜奔波，是中国科学院院士、中国中医科学院首席研究员仝小林 1 月 24 日援汉以来的真实写照。作为本次疫情医疗救治专家组中医组组长之一，他深入金银潭医院、湖北省中西医结合医院等一线，探索中西医结合的方法，全力诊治病人。

72 岁的中国工程院院士、天津中医药大学校长张伯礼，于 1 月 27 日来到武汉，除了深入一线探索中药诊治患者方案外，他还有一个任务就是在新闻发布会或媒体上向公众科普一些预防知识。

此外，由中国科学院院士蒋华良、饶子和领衔，二十余个课题组参与的联合应急攻关团队，开展抗新型冠状病毒肺炎药物研究。通过努力，这些课题组迅速发现了 30 种可能对新型冠状病毒肺炎有治疗作用的药物、活性天然产物和中药，证明一些老药和中药对抗击疫情有效。

（记者　柯立）

白衣"战士"：
救死扶伤

在这一场战"疫"斗争中，一线医护人员是最坚强的战士，是非常时刻中为我们负重抱薪的"逆行者"。穿上白大褂、防护服，让这些普普通通的父母的孩子、孩子的父母，成为有着超乎常人勇气与坚定力量的人。

黎明骑行的医者：每天花 3 小时往返 24 公里

张继先

最早发现和上报疫情

　　她很忙，接受采访的时间一拖再拖，只是叫记者"等通知"。

　　2020 年 1 月 30 日中午 12 时 9 分，她说："你可以来了。"记者放下炒了一半的菜，骑上摩拜赶到她所在

共产党员张继先（陈卓 摄）

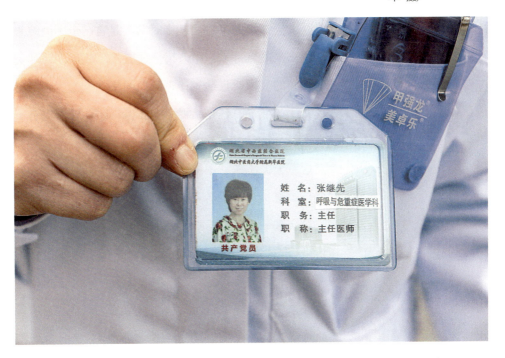

的湖北省中西医结合医院（湖北省新华医院），等了 10 分钟，她从病房出来。

张继先，湖北省中西医结合医院呼吸与危重症医学科主任，54 岁，个头不足 1 米 6，话语轻柔，一双疲惫的眼睛透出和善。然而，就是这位温和的女医生，最早发现这场疫情苗头，并和院方一起坚持上报。

7 个相似病人 4 个来自华南海鲜市场，她判断"这肯定有问题"

最早报疫情的张继先，怎样发现这种不一样的肺炎

2019 年 12 月 26 日上午，医院附近小区的一对老两口因发烧、咳嗽来看病。当时两人是自己走到医院来的，拍出来的胸部 CT 片，却呈现出与其他病毒性肺炎完全不同的改变。张继先让老两口叫来他们的儿子做检查，儿子虽然没有任何症状，但 CT 一照，肺上也有那种表现了。

这一天，还来了一位华南海鲜市场的商户，一样的发烧、咳嗽，一样的肺部表现。"一般来说，一家来看病，只会有一个病人，不会三人同时得一样的病，除非是传染病。"张继先给这些病人做了甲流、乙流、合胞病毒、腺病毒、鼻病毒、衣原体、支原体等与流感相关的检查，病人全部呈阴性，从而排除了流感。

张继先头脑中的疑团越来越大，12 月 27 日，她把

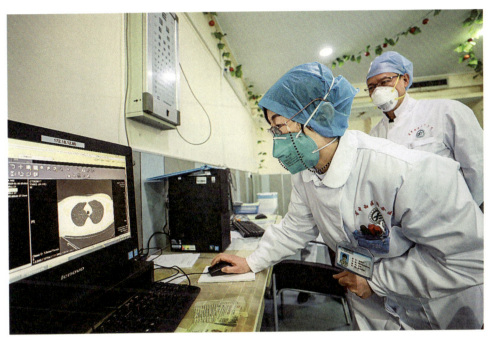

张继先在查看肺部
CT影像（陈卓 摄）

这4个人的情况向业务院长夏文广、医院院感办和医务部作了汇报，医院立即上报给江汉区疾控中心。

12月28日、29日两天，门诊又陆陆续续收治了3位同样来自华南海鲜市场的病人，这一下就有7个相似的病人了。

"这是我们从来没有见到过的病，同样来自华南海鲜市场的有4个病人了，这肯定有问题。"张继先判断。7个病人，症状和肺部表现一致，只是轻重有区别。张继先敏锐地意识到情况不对，立即又向医院进行了报告，并建议医院召开多部门会诊。

12月29日下午1时，分管院长夏文广召集了呼吸科、院感办、心血管、ICU、放射、药学、临床检验、感染、医务部的 10 名专家。大家对这 7 个病例进行了逐一讨论，影像学特殊，全身症状明显，实验室检查肌酶、肝酶都有变化，专家们一致认为，这种情况确实不正常，要引起高度重视。追问到还有两例类似病史患者到同济医院、协和医院去治疗，留下来的地址也是华南海鲜市场后，夏文广副院长立即决定：直接向湖北省、武汉市卫健委疾控处报告。

12 月 29 日是星期日，省、市卫健委疾控处接到报告后快速反应，指示武汉市疾控中心、金银潭医院和江汉区疾控中心，到湖北省中西医结合医院，开始流行病学调查。

傍晚，武汉市传染病定点收治医院——武汉市金银潭医院业务副院长黄朝林和 ICU 主任吴文娟来到湖北省中西医结合医院，逐一查看了这 7 个病人，接走了 6 位病人，其中轻症 3 位、重症 3 位。那一家三口的儿子坚决不去金银潭医院，留在张继先这里继续治疗，1 月 7 日病愈出院。

张继先接受采访时坚定地说，疫情越早发现越有利于控制。"我们现在感觉自己做对了！"

2020 年 2 月 1 日，记者多方求证，各方信源均证实是湖北省中西医结合医院最早上报疫情并评价，给政府及早监测疫情争取了时间。

敏锐和防护意识，
来自于非典时期的锻炼

在收治那一家三口住院时，张继先在呼吸科病房隔出一块与其他区域相对独立的地方，建立了有9张病床的隔离病房。

湖北省中西医结合医院是离华南海鲜市场最近的两家三级医院之一。那6个病人被金银潭医院接走后，张继先的呼吸科门诊又陆陆续续收治了类似的病人。到元旦时，这9张隔离病床不够用了。

仔细穿戴防护设施的
张继先（陈卓 摄）

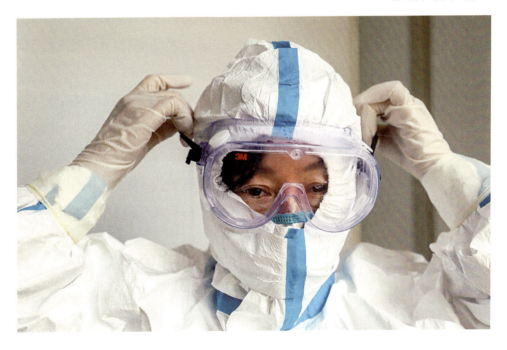

从发现那一家三口起，张继先就要求所有的呼吸科医护人员戴口罩。医院给他们科室批了 N95 专业防护口罩，"我们只有进入那个区域才戴 N95，其他区域还是戴一般医用口罩"。

与此同时，张继先嘱咐科室人员在网上订购了 30 套细帆布的白色工作服，2019 年 12 月 31 日那天，这批被她视为隔离服的工作服寄到了科室。

自购的工作服被大家穿到了医生白大褂和护士服的里面。"不管怎么说，我们多穿一层，对自己防护好一点。"

这一套厚帆布的"防护服"一直到 2020 年 1 月 20 日，钟南山院士明确新型冠状病毒感染的肺炎能够人传人，才完成它的使命。这一天，医院给他们配备了三级防护服。

2020 年元旦期间，湖北省中西医结合医院呼吸科的门诊量开始激增，由原来一天 100 人左右，增加到 230 人左右，收治的像最开始 7 名患者那样的病人越来越多。张继先他们去给其他呼吸道慢性病住院病人做工作，让他们尽快出院，有的病人不愿意出院，医护人员就找各种理由劝说。

医院处处小心，因陋就简地把防护做到可能做到的极致。从最初收治那一批病人到现在，张继先所在的科室做到了无一例医护人员感染，无病人交叉感染。

张继先说，对传染病的防护意识生根于非典。2003年抗击非典时，时年37岁的她是江汉区专家组的成员，每天的任务就是下到各个医院排查疑似者。

"我从那个时候就有感觉了，什么叫公共事件，什么叫群体事件。"张继先说，医生看病，要问病人的住址、职业，这一下来了4个华南海鲜市场的，怎么会没有问题？"这就是非典时期锻炼出来的思维。"

病人太多，医护人员太苦，"这次把一生的眼泪流光了"

原定采访张继先的时间是2020年1月29日中午，记者出发时，接到医院党委书记邱海芳的电话："您现在别来了，张继先主任在病房大哭！"

1月30日，记者当面问起张继先悲伤的原因，她说："病人太多了，我们的医护人员太苦了！"

1月26日，湖北省中西医结合医院成为第三批定点医院，收治病人由医院统一安排。病人太多了，必须按轻重缓急来统筹。

有的病人病情发展太快，手段用尽，还是走了，张继先大哭；有时防护服快没有了，口罩快用完了，张继先大哭……张继先说，这个传染病，从来没有见过；这么多的病人涌向医院，从来没有见过。

张继先在采访中数次
落泪（陈卓 摄）

　　"我这次把一生的眼泪流光了！"这一个月来，睡眠严重不足，体力严重透支，她竭尽了全力。

　　痛哭一场后，她又一头扎进病房，那里是容不得她有一丝马虎的战场。

（记者　田巧萍）

要把科学的东西告诉市民

2020 年 1 月 20 日，武汉成立新冠病毒感染肺炎疫情防控指挥部，作为战线记者，56 岁的我最初被安排入驻市防控指挥部。21 日，在指挥部守了一天后，我意识到更需要到一线去找些鲜活的素材。

梳理后我发现，湖北省中西医综合医院（新华医院）因当时不是定点医院，还没有纳入媒体视野，从家骑自行车半小时可以到达，于是决定去新华医院看看。

在医院里，我感受到市民的恐慌情绪十分严重，仅新华医院门诊预诊台每天就要为 400 多个病人量体温，其中有 100 多人都是在家自行测量不发烧后仍要到医院量体温的。这种恐慌情绪不仅会极大地增加患者交叉感染的风险，也会大量浪费本来就很紧张的医疗资源。如何缓解这种恐慌情绪，把科学理性的东西告诉市民，是当务之急。

25 日，我采写了《武汉一家三口患病毒性肺炎，居家隔离 17 天渐好》一文，在《长江日报》和官微发表后，不仅对社会紧张情绪进行了有效的缓解，而且为在医疗资源紧张情况下的救治工作也提供了一种行之有效的方法。

在跑新华医院采访的过程中，我又了解到一个重要线索，该院呼吸与危重症医学科主任张继先首先发现并上报本次疫情。经过各种渠道连续多天的联系，我终于在 1 月 30 日采访到了张继先。

张继先并没有成块的时间接受采访，我和我的同事——摄影记者陈卓，采取跟踪观察的方式，对她一天的工作进行了深入了解。

采访过程中，我自己好几次忍不住哭了出来。一边哭，一边更加坚定了自己作为一个记者所肩负的社会责任，也更加明白了自己应该做什么。

（记者　田巧萍）

人民日报官微@宁静致远：这才是医务工作者的真实写照，在病人面前真是兢兢业业无怨无悔地工作，直到病人完全恢复，才松下一口气。要多多宣传正能量的医务工作者，建立（友好的）医患关系！

　　新华网官微@若水：我们可敬可爱的张主任，您辛苦了！广大群众感谢您！您精湛的医术挽救了众多的患者和家庭，您敏锐的专业洞察力保护了医院的同仁，真是厚德敬业的标兵。请您在救治病人的时候不要太劳累，保护好自己，这场与病魔抗争的战役还需要更强大的精力，请多多保重！祝福你们，奋战在一线的白衣战士们，平安吉祥！大家一定都好好的。

　　长江日报官微@呵呵乐珍：感动、泪目、向她们学习致敬！张医生们在医患岗位上做到了尽职、尽责、尽心、尽力。在疫情的第一线逆行奉献，舍生忘死，临危不惧，这是武汉人的骄傲！我们众志成城共同加油打赢这场无硝烟的战争！抗拒病毒武汉加油！中国加油！

　　武汉晚报官微@暗香：医者仁心，你们是与疫魔搏斗的勇士，一生流尽千般泪，因为那是我们的姐妹弟兄。中华儿女从来就是不屈的英雄，点亮生命之灯，照前行，让我们携手同行拧成一股绳，待除病妖全胜，神州万里沐春风。

张定宇

拼渐冻生命，与疫魔竞速

张定宇院长一瘸一拐
来到武汉客厅"方舱
医院"

2020 年 1 月 13 日上午，武汉市金银潭医院周会。院长张定宇做战前动员："我们已经处于风暴之眼，这个时候我们绝不能退缩！我们要做的、能做的，就是救治病人，保护我们的人民，保护我们的城市！"

全院迅速被张定宇带入了"战时状态"。

一天前，他从每天由外院转来的病人和各种信息的分析中，意识到武汉并没有表面上看起来那样平静。

那天，他宣布，全院职工取消任何休假，全部到岗。他吃力地弯下患有渐冻症的身体，深深鞠了一躬："拜托大家了！"

他拖着病躯坚守战"疫"一线的故事已为人熟知。但他并不是靠一时之勇做到这些的。

发现疫情后迅速改造出 4 个 ICU

2019 年 12 月 30 日，武汉市卫健委和武汉市疾控中心的相关负责人来到金银潭医院，讨论头一天从湖北省中西医结合医院和武汉市中心医院转到金银潭的 7 个可疑病例。

疾控部门已对湖北省中西医结合医院呼吸科张继先主任上报的 6 个病人，做了相关病原学的检测，均为阴性。

"你们是取什么做检测的？"张定宇问。

"咽拭子。"

"那恐怕不行，咽拭子可取不到，要做肺泡灌洗。"

张定宇立即通知纤支镜室主任："7 个病人都做肺泡灌洗，每个人取 4 份标本，1 份给疾控、1 份给武汉病

2020 年 2 月 11 日，张定宇接受长江日报记者采访（陈卓 摄）

毒所、2 份我们自己冻着。"

3 天后，武汉病毒所和疾控中心都测出了冠状病毒。

张定宇在 11 日接受记者采访时解释，咽拭子取样是在上呼吸道，而肺炎病人的感染已经在肺上了，在上呼吸道取标本，检出的可能性不大。

作为院长，张定宇常对临床一线的医生讲，搞临床的要具备两种能力：一要基本功扎实，二要思维敏锐。这次，张定宇用自己的一系列决策，给全院职工演示了这两种能力。

2019 年 12 月 29 日，首批可疑病例收入了南七楼ICU（重症监护室）。

2020 年 1 月 19 日，张定宇将南六楼的普通病房改造成了 ICU，这样南七楼和南六楼的 ICU 病床达到了50 张。

"这还不够。"北楼原来有一个简易的 ICU，张定宇快速把这里和南五楼改造成正规的 ICU，又迅速在综合楼建起了一个简易 ICU。5 个 ICU 加强、组建的工作全部在 2 月 3 日完成。

至 2 月 10 日，金银潭医院累计收治了 1700 余名病人。作为收治病人最早、最重、最多的医院，这 5 个ICU 发挥了重要作用，有重病人可以及时腾挪，得到及时救治。

"这个决策比较早，我们没有措手不及"，张定宇说。

主动贴钱只为 ECMO 团队手不生

ECMO，也称体外膜肺氧合，是现有体外循环技术中的王者，也是这次抗疫战斗中另一个抢救危重病人的明星重器。金银潭医院目前有 8 台 ECMO，其中 5 台是自己的，3 台是外院支援的。

张定宇就任武汉市金银潭医院院长不久，发现仓库里躺着一台省卫健委买给他们的 ECMO。

张定宇找来资料研究认定，"这是个好东西"。2015 年下半年，他请来心脏体外循环专家给 ICU 医生做培训，"一定要学会，这门大炮要是在我们手上废了，那可不行"！

2015 年底，金银潭医院用 ECMO 成功救治了两位艾滋病重症肺炎病人，成为在武汉地区最早将 ECMO 用于重症肺炎救治的医院。2016 年春节后，又救了一位患重症肺炎的 24 岁的大学生。2017 年，禽流感来了，ECMO 大显神威，保证了湖北省没有因禽流感死亡的病例。

传染病具有季节性，2017 年暮春，禽流感过后，病人就少了。"不能让我们的医生手生了！有病例，才能积累经验。"为了锻炼这支队伍，张定宇决定，ECMO 走出去找病例。金银潭医院每年拿出 10 个单价 4.8 万元耗材套包，免费供省、市医院使用。

只要有医院有病人适合上 ECMO，病人又没有钱，就可以通知金银潭医院，医院立马派车，ECMO 团队带设备带套包过去做。

在这次救治新冠肺炎病人中立下大功的，还有高流量给氧技术。

张定宇平时的一大爱好就是把医学杂志当小说看。调入金银潭医院后，他坐地铁上班，路上要一个小时，这一个小时里，他通常用来看英文版医学杂志。

有一天，他在《新英格兰医学杂志》上看到一篇文章介绍，高流量给氧可以替代部分无创呼吸机的功能。

"我们医院呼吸病人多，用得上！"他顺着杂志上的网站找到新西兰生产厂家，通过厂家再找到武汉的经销商，一口气采购了六台高流量呼吸湿化治疗仪，当时这家经销商在很长时间里只在武汉卖出了一台。

高流量呼吸湿化治疗仪现在已是 ICU 的标配，这次还被写进新冠肺炎病人的临床救治指南。在金银潭医院，早在此前就给每个病区配备，有一支能够娴熟使用的医护队伍。

平时长本领战时才能冲得上去

传染病医院病人少，医院发展受限，队伍不好带。这是 2014 年 1 月 2 日张定宇到金银潭医院走马上任遇到的最大问题。

"你总要有做事的欲望！"张定宇 11 日接受记者采访时说，他总是想着干一些事情，总是在寻找突围的机会，寻找能够把这支队伍聚集起来的方式。

到任第 7 天，张定宇就在周会上宣布："我们要搞GCP（国家新药临床试验），要获得国家临床研究的资格。"这年底，材料交上去了，国家却停止了新机构审批。直到 2017 年 3 月 1 日，医院接到国家药监局通知，一周后来做 GCP 的现场核查。

只有 6 天时间做准备。那 6 天里，张定宇与大家一道，24 小时在医院赶工。3 月 7 日，现场评审顺利进行；5 月，申报的 6 个专业全部通过，拿到 GCP 证。

6 月，国家开展仿制药一致性评价，要求所有有资质的机构要大力开展这项工作。这个机会被张定宇抓住了。第二年，GCP 给医院带来的横向研究经费达到了6000 万元。

GCP 还极大地带动了全院临床科室的规范化管理。2019 年底，依托 GCP，金银潭医院获批全国新药临床

在金银潭医院 6 年，56 岁的张定宇已两鬓染白（陈卓 摄）

评价技术平台，全国有 69 个，武汉地区 3 个。

武汉疫情发生后，王辰院士、中日友好医院曹彬教授迅速在这个平台上，展开了克力芝、枸橼酸铋钾、瑞德西韦治疗新冠肺炎的药物临床研究。

2015 年埃博拉病毒在非洲爆发，一家知名网站上有一个关于防护的视频，张定宇先学习了，再把这一套东西让全院学习。学习的成果是大家丢掉了朴素防护的思维，把防护做得更专业有效。

对转运传染病人，金银潭医院有一套完整科学的流程。金银潭医院累计收治的 1700 多位新冠肺炎病人，每一位都是严格按照这个流程，顺利安全地到达病房。这套流程，来源于张定宇读的一本名为《根本原因分析》的书，他看了，理解了，就和大家一起研究，制定流程。

张定宇到金银潭医院的 6 年，带着这支队伍，一点一点地积累着，时刻准备着，在准备中成长得越来越强壮。

张定宇说："我们搞传染病的，跟打仗的一样，可以无仗可打，但一定得有打赢的准备和本领，关键时刻能冲得上去。"

"我们前面有那个人在领跑啊！"

2020年1月1日，张定宇就开始布置全院清腾病房，从南七楼到南一楼再到综合楼，1月20日腾空北六楼、北七楼，全院23个病区全部腾空，用来收治新冠肺炎病人。

那是500多个病人呀，都需要细心安抚、周全安排。轻的带药回家，重的需要联系救护车转到其他医院。新冠肺炎的病房是一层楼一层楼开的，每一个腾退病区的工作都被要求在24小时内完成。

23个科室，没有一个说我搞不了，都按张定宇指令的时间完成了。投入疫情战斗以来，金银潭医院的医护人员、干部职工除了生病的，没有人休息过。

2月9日晚上，已经超负荷运转43天、正有660余位病人住院的金银潭医院接到再收治250个病人的任务，23个病区，每层楼都在走廊上加了10—14张病床。

"我们前面有那个人在领跑啊！"在忙忙碌碌的病房里，总能看到张定宇跛行的身影，总能听到他已经沙哑的大嗓门。

1月28日，南六楼ICU护士长程芳得知张定宇患

因为渐冻症，张定宇
下楼时腿脚僵硬（陈
卓 摄）

了渐冻症，躲着哭了一场。过了两天得知张院长的夫人也感染了新冠肺炎，她又哭了一场。

确诊绝症快两年了，全院上上下下被张定宇瞒了个严实。

"我为什么要心疼他，他自己都不心疼自己！"2月11日，程芳接受记者采访时眼里含着泪："我能做的，就是像他一样，拼了命顶住！"

（记者 田巧萍）

什么样的人令人泪流满面？

张定宇很忙。办公室总是不见他人影。十个电话打过去，九个半会是快捷回复：我现在不方便接听电话。

为了不耽误他的时间又完成采访，我提出先外围采访，找了这次一直与张定宇并肩战斗的临床科主任、护士长，管理着各种捐赠物资的财务科长，还有与他搭班子6年的党委书记，共7人。

几乎每一个人在接受采访时，不是时而哽咽就是全程含泪。他们跟我讲他们眼中的张定宇。

张定宇五大三粗，脾气火爆，嗓门大，连在他过去工作过的武汉市第四医院和武汉市血液中心，都是出了名的。这受访的7个人都被他吼过、训过。

但他们说起他来，还是止不住泪流。这场大战，让他们猛然了解了自己的院长，平日里有时面相难看的那个人——那是一个在大战面前不示弱、不服输，勇敢冲锋的人。那是对这座城市和人民满怀着一腔深情的人。那是6年拉着他们的手，一步一步走向强大的人，直到他们强大到不被这场疫情冲垮。

是的，真正了解他的人会感觉到他是一个很纯真的人，正直、干净、担当，爱干事、会干事，就是他除了脾气坏之外的标签。

　　金银潭医院是第一个收治新冠肺炎的定点医院，是收治新冠肺炎最多的医院，是重症最多的医院。与张定宇搭了6年班子的院党委书记王先广说，要不是他在这里经营镇守6年，这次金银潭医院要出大事！

　　6年前，张定宇临危受命，到金银潭医院当院长，当时的传染病医院，底子薄，队伍散，业务差，医护人员外出都不好意思说自己是金银潭医院的。6年过去，他硬是把这个医院整得像模像样，队伍也一拉上去就嗷嗷叫，顶得住。

　　6年，张定宇是用他不再强健的生命给武汉修建了一个桥头堡啊。

（记者　田巧萍）

人民日报官微＠豆豆：在抗击疫情的最前沿，你在与命运叫板，用渐冻的生命，与千千万万白衣卫士一起，托起信心与希望，托起无数人的生命与健康。

人民日报官微＠天亮："我的生命进入倒计时，只能拼了命去争分夺秒。"您的这句话激励着所有的医护人员。因为，生命不息，奋斗不止。

人民日报官微＠小蝌蚪：您的行动不方便，却依然选择坚守在一线。您在牺牲着自己的健康，成全了千千万万人的健康，您就是新时代的白求恩。

人民日报官微＠TOY：在疫情中"逆行"的29天里，您经常凌晨2时刚躺下，4时就得爬起来，接无数电话，处理各种突发事件。就算是一位渐冻症患者，您也始终冲锋在最前线。

刘智明

他把办公室搬进了 ICU

2020 年 2 月 18 日上午 10 时 58 分，同济医院中法新城院区内，一个在新冠肺炎疫情一线不懈抗争的白衣战士，停止了心跳。

他是武昌医院院长、神经外科学科带头人刘智明。春暖花开前，他成了被病毒伤害而倒下的人，但从来没

2019 年 12 月 15 日，武昌医院院长刘智明在介绍医院概况（苗剑 摄)

有被病毒"打败"过。

疫情凶险，为了救更多的病人，他抱病挺身而出，彻夜不休。即使成了病人，躺在病床上也只是换了个地方救人，从早到晚不停地处理各种救治事项。动不了了，他也用笑容和乐观告诉病友"不可怕""扛住"，成了同事们教育、开导病人的范本。

那些他救过的、鼓励过的、帮助过的人，一个个从重症监护室转到普通病房，最终康复，走出了医院大门，他却再也没能回来。

悲鸣声在他身后响起："这么好的医生，这么好的人，怎么会……"，"兄弟，说好了还要跟病毒大干一场……"

与病毒交锋，他一次次身先士卒

2月18日下午，记者来到刘智明生前工作的武昌医院，该院西区门口的宣传栏上依然挂着他的简介展板。"刘智明，院长，主任医师，医学博士，湖北中医药大学和江汉大学硕士研究生导师……"

武昌医院西区位于杨园街老城区，是此次新冠肺炎治疗的定点医院，门口赫然写着"发热门诊"几个字。在全市严格的防控举措下，刘智明和战友们共同努力，发热门诊的患者已由前期的人满为患到现在为数不多，确诊的患者在医院内有序治疗。

时间倒回到 1 月中旬，病房里不明原因肺炎病人渐多，艰难时刻，刘智明带头查房，组织医院最强的医护力量全力救治病人。

1 月 21 日，与病毒的一次严酷正面交锋来了。"王书记，上面给我们医院下达了任务，接收 499 名新冠肺炎病人！人数仅次于市金银潭医院！"当天，从市里开完会回到医院，刘智明对他的"战友"、院党委书记王力霞说。

王力霞不由担心，"这可怎么办！两天时间太紧张了。""想办法呗"，刘智明给王力霞打气。他在全院职

武昌医院院长刘智明
在医院门口的照片
（彭年 摄）

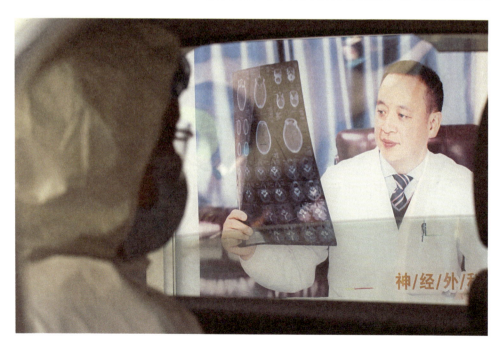

工动员会上说："这是国家也是人民交给我们医院的艰难却光荣的使命，一定要不辱使命。"

接下来的两天，医院想方设法安排现有病人，尽量把工作做细，一部分情况好的动员回家，一部分转院。然后，将医院东区和西区分开，搬氧气罐……

1月22日晚，是医院接收转运病人的前一夜，刘智明和王力霞两人还在忙着改建病房，一宿没睡。"不知道我们这三区两通道做得够不够规范，能不能保护我们的医护人员？"刘智明问。武昌医院本是一家综合型医院，在这么短的时间内要按照传染病医院的要求来改建，难度很高，两人压力非常大，害怕工作有一丝一毫的疏漏，两人在住院楼上上下下跑了一夜，不停地修整、检查、完善。

23日凌晨4时，刘智明给妻子、市三医院光谷院区ICU护士长蔡利萍打了电话，请妻子帮忙送些换洗衣物，因为医院成为定点后他就不能回家了。

23日，病人如潮水般涌到医院。接收完病人，刘智明说："王书记，我感觉有点不舒服，明天准备去做个CT，免得传染给你们。"王力霞望着眼前这个身材健壮，比自己还小几岁的老弟，笑着说，"你不会有事的！"

其实，刘智明已经连续多日发热。那几天，他就在门诊打针，打完针后继续工作。他戴着口罩，与大家保持距离。该院党政办主任李秀荣问他怎么样，他只说还好。

没想到，第二天检查的 CT 结果显示，肺部感染严重，刘智明很快被收进了 ICU。1 月 28 日，核酸确诊阳性。

2 月 18 日晚，王力霞告诉记者："直到现在，我都没有回过神来，不敢相信这个小老弟走了，我们一起搭班子快 6 年了，一起为这个基础薄弱的铁路医院建设了 17 个重点学科，本来说好了，要在这场与疫情的战斗中大干一场。"

住进 ICU 仍是院长，
躺在病床上救人

在 ICU 里，刘智明的身份变了，可救死扶伤的使命和担当没有放下。他的主治医生、武昌医院 ICU 主任徐亮嗓音沙哑地告诉记者，1 月 24 日，刘智明一住进 ICU 就是重症。"即使是这样，他一天都没有好好休息过，在病房里不停地接打电话、回复微信，从白天到黑夜。一会儿问病人收进来了没有，一会儿问院内感染防控做到位了没有。"

徐亮多次提醒刘智明，这样不行，太劳累了，必须好好休息！"你现在不是院长，而是病人，你要听我

的。"但刘智明说："我是院长啊，我丢不下！"

徐亮记得，刘智明在 ICU 内"体验"了几天之后，提醒他，"像我这样长期在医院工作的人，得这个病住进来都会觉得压抑，其他病人肯定也有这种感受，你们要多注意医院的窗户，以免发生意外。还有，病人胃口不会好，可能不想吃饭，你们在治疗中要调节病人的肠内营养。"

"我们说好了，要一起加油的！"已经康复出院的欧女士泣不成声，"他还攥着拳给我加油了！"

1 月 22 日，61 岁的欧女士住进重症监护室 15 床。她记得病房里来了一个身材高大的中年男子，戴着一顶帽子，看上去气宇轩昂，住在 16 床。后来才知道就是这家医院的院长。

刘智明心态好，经常被徐亮拿来鼓励其他病人。欧女士加了刘智明微信，说自己腿抽筋，刘智明说小问题，补点钙就好了，还说自己双腿肌肉都萎缩了。"他总有办法安慰我，鼓励我。"

欧女士出院的头一天，看到医护人员给刘智明捧来生日蛋糕，才知道 2 月 10 日是他 51 岁的生日。出院前，欧女士特地绕到刘智明的病床前，告诉他自己要出院了。戴着氧气面罩的刘智明抬起了手，攥着拳给她做了个加油的手势。

夫妻共同战"疫"，
数次拒绝妻子前来照顾

刘智明的妻子蔡利萍是武汉市三医院光谷院区 ICU 护士长，夫妻俩不在同一间医院，却都在战"疫"一线奋斗。

在蔡利萍的手机里，刘智明的微信备注名是"小肚鸡肠老公"，略带调侃意味的名字，背后却藏着这对夫妻间深深的惦念关切。

同为医护人员，他们有时会忙到顾不上对方。2019年11月，蔡利萍肢体麻木，确诊为严重的颈椎盘突出症，做颈椎手术后一个月都只能在家躺着，需要照顾。刘智明只在动手术的那几天请了两天假，抽出时间陪了陪妻子。同事们看着都很难过，但是，他说："实在是没办法，工作实在调不开。"他的两个孩子，基本上整天看不到爸爸，天还没亮，爸爸就走了，等爸爸回来，孩子也已经睡着了。

但他们既是夫妻，亦是"战友"，总能默契理解，用自己的方式守望对方。2月4日，蔡利萍一上午给刘智明拨了4次视频通话，都没有接通。只好在微信中鼓励："老公，你要加油！"隔了一个小时，刘智明回复："折腾了一晚上……我以为我要死了，缺氧。今早上了呼吸机，好多了！"妻子接着问："要我去照顾你吗？"刘智明肯定地回复："不要。"他心里明白，妻子也在一线，有比他更需要的患者要救治。

图什么？他有使命担当

2月3日，武昌医院神经外科副主任文明曾到ICU看了刘智明。"他戴着氧气面罩，看到我来，想跟我说话，刚开口就不停地咳嗽。"文明连忙让他别说话，可刘智明轻轻握了握他的手，还竖起了大拇指。"看他那样坚定，一直期待病情朝着好的方向发展。谁料到……"

刘智明人缘好，曾经工作过的市三医院同事也对他念念不忘。市三医院骨二科主任胡海清说，刘智明直爽，而且做事雷厉风行，不喜欢拖泥带水，工作特别有效率，思路清晰。"他事业心非常强，为工作付出牺牲太多了。"

只要一进入工作，他就到了忘我状态。从市三医院调到武昌医院后，他带领医院成功创建三级医院，又成立武汉市脑卒中120急救站，与国家远程卒中会诊中心实现远程会诊，对医院神经内科专业发展起到了很大的作用。

他总是先为别人着想，医院进入战时状态，他考虑到医护人员很累，就提出晚上 10 时后，如果没有紧急的事情，不要给专家打电话，让他们好好休息。他担心医护人员营养跟不上，食堂伙食总会多一些鸡蛋和水果。

网上流传抗击疫情的一段经典对白："医生，此去欲何？""战病疫，救苍生！""若一去不回？""便一去不回！"

刘智明也是如此，妻子问他，你图啥了？他也不说话，只是笑笑。

2 月 14 日，刘智明病情加重，转至同济医院中法新城院区。直到 18 日上午，抢救无效不幸离世。

（记者　黄琪、刘璇、刘睿彻、伍伟）

生命最后时刻，他还在为别人着想

2月18日，武昌医院宣传科主任崔毅在朋友圈里说："我们医务人员为这场疫情付出的代价太大，我们对得起良心，对得起胸前的党徽，所有的委屈和不满只能往肚里咽。"

这一天，武昌医院年仅51岁的院长刘智明永远离开了大家。"要打仗了，我们的将军却没有了！"武昌医院痛失刘智明，许多医护人员都哭了。

"高大""帅气""温暖""有担当""高学历"，刘智明在该医院的员工中口碑非常好。重症医学科主任徐亮接受采访时，整个人还沉浸在悲痛中。他说，刘院长住院期间嘱咐，如果发生万一，不要为他插管。作为医务人员，他明白，刘院长不肯插管，一是插管能抢救回来的概率不大，二是增加了医护人员感染的风险。自己的生命到了最危险的时候，刘院长还在为别人着想。

医院消化内科主任王珣说，她曾去ICU看望过刘院长，当时他已经用上呼吸机，说话都很困难，却还在叮嘱她，一定要确认有没有同事被感染。"明明自己都病得那么重，他想到的还是我们这些手下的兵。"

刘院长住院期间，"只是将办公室搬进了ICU"，每天都在处理各种工作。他担心病人没胃口，让医生在治疗时注意病人肠道营养,他鼓励住院的患者不必害怕、战胜病魔,却忙到没时间关心自己的身体。

刘智明的姐姐痛悼亡弟,"小弟,你太累了,你超负荷工作,如今悄悄离开了卧病在床、时时期盼你回家的妈妈,离开了你仍奋战在抗击疫情一线的爱妻和一对儿女,离开了你挚亲的姐妹亲人和朋友,离开了你孜孜以求的医疗事业和挚爱的工作岗位……"字字让人落泪。

(记者 黄琪)

新华网官微 @ 旅行天下：如何实现人生价值？不同的人有不同的答案。对于刘智明医生来说，他的回答就是疫情不退，奋斗不止。

长江日报官微 @ 小水滴：救人未救己，您走完了人生的最后一里路。您的生命永远留在了冬天，却把希望的春天留给患者。刘医生，向您深深地致敬！

新华网官微 @ 燕子：您在生命的最后时刻，还一心想到的是别人。可您呢，您虽然离开了我们，但是您却永远活在我们心中。

长江日报官微 @ 万阳：过去一个月，您跟病毒的战斗，一直持续到您生命的最后一刻。您用生命完成了最后的坚守，用精神点亮了抗疫奋斗之路。

郑先念

电话中咆哮，电话后继续看诊

摘下口罩、防护镜的
郑先念医生，其实很
斯文（武汉市第五医
院 供图）

"我们还不是想回家，我们不想回家过年？……我
们不想活？"

2020 年 1 月 24 日（除夕）上午，一段视频在网上

疯传。一位穿着防护服的医生打电话时咆哮大哭。

后来在同事的安抚下，当事医生郑先念才开始慢慢平复。他打开手机日历说："如果我察觉到有人在拍视频，我当时一定不会这么做。"

郑先念今年44岁，是武汉市第五医院急诊科主任。电话事件刷屏后，多种解读流传于网络，其中最多的一种是：病人太多，医生压力太大，扛不住了。

事实上，打完电话一个小时后，郑先念就收拾情绪重新投入到战"疫"中。这段视频，从事发当天到接受记者采访前，他都没有点开看过。"没有勇气看。我想要2020年重来一遍"，他说。

成为定点医院后，病人一波接一波涌进来

1月21日下午5点30分，武汉市第五医院接到通知，该院被武汉市卫健委征用为第一批中心城区发热病人定点医院。通知要求清退原有的住院病人，自1月23日下午6点起，接收已确诊的新冠肺炎病人，并开设发热门诊收治新的发热病人。

22日下午2点，发热门诊刚一开诊，病人就涌了进来，瞬间挤满1400平方米的门诊大厅。郑先念形容其"像蚂蚁一样，密密麻麻，连下脚的地方都没有"。

2020年1月底，武汉市第五医院拥挤的挂号大厅（武汉市第五医院 供图）

在第一批定点医院中，该院是最早开放发热门诊的医院之一。在此之前，发热病人由急诊科收治，年前十天左右病人越来越多，每天收治的发热病人不少于200人次。22日当天，急诊科接诊量达到高峰，多达500人次。郑先念说："我们医院急诊科接诊量一般是90人次左右，最高峰时也就200人次左右。"

对于医院的积极响应，郑先念内心很矛盾：一方面，病人求医心切，作为医生，他发自内心地希望救更多的人；另一方面，作为科室主任，医护人员的工作量已经远超负荷。"我们原来看 80 个病人都不觉得累，现在看 30 个病人都想吸氧。"

据郑先念介绍，急诊科一共有 13 名医生，18 名护士。成为定点医院后，院里抽调 3 名医生到发热门诊坐诊，剩下 10 名医生承担急诊科的抢救和接诊。很多病人病情很重，需要收治住院，但是床位紧缺，收不进来，只能堆在急诊科。

郑先念告诉记者："抢救室的 6 张床根本不够用。我们把急诊厅也开辟出来，设了 10 张床位，不到 5 分钟，全部睡满。"

急诊科所有医护人员全部取消了休假，但病人一波接一波涌进来，每个人的体力都逼近极限。"我们科室的王纯医生，穿着防护服从早上 8 点开始坐诊，到晚上 8 点。12 个小时不吃不喝不上厕所"，郑先念说。

病人和家属的无助刺痛了他

据武汉市第五医院统计，22 日下午 2 点—23 日零点，发热门诊接诊量达到 1200 人次，加上急诊接诊量，一共 1700 人次，为该院历史最高峰。据一位行政人员透露，23 日凌晨 2 点门诊大厅都还有病人在排队候诊。

能等到病床的病人都是"幸运儿"，在家属眼里，

只要能躺到医院病床上，亲人们的生命就多了一份
保障。

郑先念理解这种期待，但肆虐的疫情对病人和家属
带来的恐惧还是超出了他的想象。急诊科有两台呼吸
机，医生根据患者情况调配使用。22日下午，一位80
岁的重症患者呼吸困难，正好有一台呼吸机"闲"下来
了，老人家顺利用上了呼吸机。可老人的病情刚刚稳定
一点，又有另一位病人需要上呼吸机。郑先念想了想，
打算让老人家停用两小时。但他准备撤机器时，老人家

郑先念在病房（武汉
市第五医院 供图)

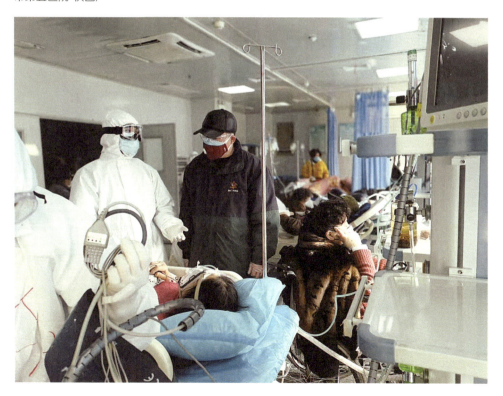

看着他，使劲摇头。

郑先念说："非常时期，全院的呼吸机都紧俏，借不到的。我也没有把握撤下呼吸机后他就一定安全，只能眼睁睁看着另一个病人痛苦的表情。"

无力感每天都在撕扯郑先念和他的同事们。躺在抢救室的病人都是危重症，病人家属经常会站在门外瞅一眼，看看有没有人被抬出去。"因为抬走了一个，床位就多了一个。一个人的离开，意味着另一个人的生。"

这种生死交替带来的残酷和冲突在 23 日下午冲向了巅峰。成为定点医院的第二天，更多病人涌向了该院，一大早门诊大厅里就挤满了站着、坐着、躺着的病人，挂号、检查、输液，所有环节的等待时间都是 5 小时起步。数位焦急的病人家属为了能住院，和医护人员起了冲突，还有一位正在输液的发热病人，突然将一把百元大钞撒向空中。"你们在网上看到的撒钞票图片是真的。"郑先念当天在急诊科抢救，同事给他转述了这件事。他想了想，说道："这是绝望了。命都没了，还要钱干什么。"

撒钞票发生后不久，120 送来了 100 多位确诊病人，医院全部接收，急救人员推着平推床从大厅到电梯的当口，门诊迎来了短暂的安静。郑先念无法确定此时是下午几点，他走出抢救室，看到了这辈子最刺痛他的一幕："之前还在吵闹的病人和家属，此刻集体沉默，他们看着一台又一台进入电梯的平推床，眼神里不是绝望，是空洞。"

一个小姑娘打破了这份"空洞"，忍着哭腔，拉着郑先念的衣角小声求他，可不可以让她妈妈睡上平推床，办理住院。

急诊科一位护士透露，23 日之前，郑先念已经连续 5 天几乎是不眠不休，眼睛里布满了红血丝。连日来身体上的疲惫、情绪上的矛盾、内心的无助和现场的混乱在此刻全部涌向郑先念的胸口。他扭头走进办公室，拿起电话开始咆哮。有人拍下这场电话风波，视频在网上观看量突破 1000 万。

事发后最怕家人看到视频

郑先念是湖北仙桃人，普通话带着明显的仙桃口音，但网友们还是听清楚了最关键的几句："我们还不是想回家，我们不想回家过年？你们过来把躺着的弄走……我们不想活？"这几句被网友曲解为医生压力太大崩溃了，想撂挑子。

"从 1 月中旬到现在，我这帮兄弟没一个人喊撤"，郑先念抬高音调，之后沉默稍许，再开口声音哽咽，"我心里疼。我对不起他们"。郑先念告诉记者："我无意伤害任何人。如果我察觉到有人在拍视频，我当时一定不会这么做。我的本意是想建议尽快完成隔离病房改建，妥善收治所有病人，不要让病人都堆在急诊科。但当时情绪上头，我没控制住自己。"

没有记者想象中的心理起伏期，事发后一小时，郑先念就恢复平静投入到工作中。但他晚上会失眠。"生理上很困，但是躺下去睡不着。压力很大，脑子里很多事，人员调配、抢救、病人的求救，同事们的连轴转，很多画面像电影一样一遍又一遍地在脑子里过。"

郑先念最担心的是家人看到视频。从年前十天发热病人增多开始，郑先念就没回过家，担心传染病毒给妻子和女儿。电话事件后的第二天即除夕的早上，他回家拿换洗衣服，顺便买了一些青菜带回家。进小区后，他将买的菜放在楼道口，立刻回到车里。他让妻子下楼拿菜顺便把衣服放在楼梯口。

"除夕那天她应该还没看到视频，但是现在肯定知道了。我初二、初三抽空跟她和女儿视频，我们都没提这件事。"郑先念的女儿上初二。从女儿懂事起，他就没跟女儿一起过过年："每年过年要么去爷爷奶奶家，要么去外公外婆家，要么孩子妈带出去玩。本来说好今年哪都不去，我们一家三口在家过年，结果遇上了疫情。"

"以后的事以后再说，
此刻绝不会是逃兵"

"郑先念是一位工作很尽职尽责的主任。他的崩溃，我们也理解。"武汉市第五医院党委书记王曦表示。

郑先念很感谢这份理解。事发后，他给对方发过致歉信息。他说，医院领导也很辛苦，全部坐镇一线。听到有医护人员感染，领导们心痛到捶胸顿足。医院从上到下，所有人都在为对抗病毒尽每个人最大的努力。

据统计，1 月 22 日以来，武汉市第五医院 900 多名医护人员一直坚守在抗击新型冠状病毒感染的肺炎一

郑先念的"战友"们（武汉市第五医院 供图）

线，截至 1 月 28 日，共接诊发热患者 8500 余名，收治病人 370 余人。

"事情在网上闹得这么大，想过会给自己带来麻烦吗？"郑先念摘下口罩，一脸的胡茬，说道："我没有觉得给自己带来了麻烦，我觉得我给医院带来了负面影响，给同事带来了负面情绪，影响很不好。现在也无暇去想以后怎么办。以后的事以后再说，此刻绝不会是逃兵。"

一位从该院离职的工作人员告诉记者，"我在医院工作 7 年，郑主任脸上从来都是干干净净的。"

（记者　王恺凝；通讯员　辜丽）

第一次采访采到心里堵

　　2020 年 1 月 30 日，在武汉市第五医院急诊科的清洁区看到郑先念主任时很意外。在我的想象中，一位会在电话中对着领导咆哮的医生，精神状态肯定很"丧"，也会排斥我的采访，毕竟，正在前线打仗的"战士"以"崩"的样子在网络走红，对一个男人来说，不是件什么光彩的事。

　　但他没有。他嗓门很大，一对大眼睛很亮，见谁都笑嘻嘻。有医院行政人员来他这儿讨要酒精、手消，他也不含糊，说给就给。

　　郑先念很细心。在发热门诊待的时间太长，他刚回到清洁区时没有戴口罩，但一看到我，马上戴上了口罩，并始终和我保持一米远，开玩笑说："我是个大毒瘤，不能污染你了。"

　　他还给我打预防针，说他脾气火爆。但说真的，除了那一脸络腮胡子，我很难把他和视频中的那位"咆哮医生"联系起来。

　　我问他那天到底发生了什么以至于情绪失控。他叹了口气，"急诊压力太大了，病人收不进去，全部堆在急诊。我感觉对不起兄弟们。"

　　郑先念口中的兄弟，是急诊科的 13 位医生和 18 位护士。从年前十天左右开始，发热病人越来越多，1月21日成为定点医院后，汹涌而至的病人就差把医院给"拆"了。急诊科医护人员轮番上阵坚守阵地。

"真的跟打仗一样。"郑先念说，虽然苦，但他们从来没想过当逃兵。1月24日他会在电话中咆哮，实在是当天一下子接收了100多位病人，真的感觉很崩溃。"我有过担心，我的冲动伤害到了一些人。今后在医院的日子不会好过。但是此刻，我要坚守在这里，不然急诊科就垮了。"

采访时心里很堵，回来写稿更堵。医护人员拿生命护佑我们的城市。作为一名记者，我不知道还能做些什么，唯愿每一篇稿件，尽量还原真实，每一个字，对得起这段历史。

（记者　王恺凝）

长江日报官微 @Tina：看过那段视频，感受到郑医生身上满满的责任感，如果不是在那样高强度的工作环境中心疼同事，对疫情中染病的市民担心而又无能为力，怎能爆发那样的真情流露。你是一个好医生，为你和你的同事点赞。

长江日报官微 @ 无可替代：理解郑医生，情绪爆发很正常，请所有的人对医护人员多一份尊重和理解。医生也是儿子、丈夫、爸爸……

武汉晚报官微 @ 雷丹（神外）：2019 年 8 月我和郑主任互为搭档参加了武汉市第 21 届职业技能大赛，抽中的案例是处理一例疑似"埃博拉"感染患者，我们交上了完美的答卷，大赛期间郑主任展示的专业技术让我折服。他组织能力强，温文尔雅，是一位优秀的医者。我相信郑主任和他的团队一定能战胜此次大疫！郑兄保重，盼平安归来！

武汉晚报官微 @wengli：郑医生的视频让我看到太多的心酸和无奈，是有多绝望才能让一个医生带着哭腔嘶吼。心里很疼，那些黑暗的日子他们一定过得特别煎熬。我是武汉伢，面对疫情我坐在家里都瑟瑟发抖，何况是我们冲锋陷阵在一线的医生护士们。我们绝对理解，我们也无比心疼您。医生也是有血有肉的人，医生也需要释放心里的压力和苦楚。老百姓都挺你啊！正是因为有千万个像您这样的医生才让我们老百姓觉得温暖而有力量。加油，郑医生！保重，郑医生！等待您凯旋！

武汉晚报官微@鑫淼：文章写得太好了，我读给妈妈听的时候，几次哽咽。应该给这位主任正名，他的情绪可以被理解，换了是谁也控制不住，他没当逃兵，没有倒下，不管从哪个角度来讲，他都应该被认可、被尊重。

医生群像

黄朝林

医生、副院长、重症病人、试药者……他用 6 种身份与病毒搏斗

　　武汉市金银潭医院，是第一家收治新冠肺炎的定点医院，也是危重症患者最多的医院，是抗击新冠肺炎疫情的前沿火线。对武汉市金银潭医院业务副院长黄朝林来说，战"疫"从 2019 年 12 月 29 日就开始了。他用 6 个身份与新型冠状病毒搏斗：医生、传染病医院业务副院长、专家组成员、研究者、重症病人、药物受试者。

　　2019 年 12 月 29 日，黄朝林接到武汉市卫健委通知，要求他赶到湖北省中西医结合医院去"排查可疑病例"。他火速和 ICU 主任吴文娟一起赶了过去。原来，这天下午，省、市卫健委接到了湖北省中西医结合医院的疫情报告，说有 7 个可疑病人。与湖北省中西医结合医院呼吸与危重症医学科张继先主任一起，一一查看病人并充分讨论后，黄朝林总结道："这些病人可能具有传染性，在综合医院对其他病人不安全，需要转到专门

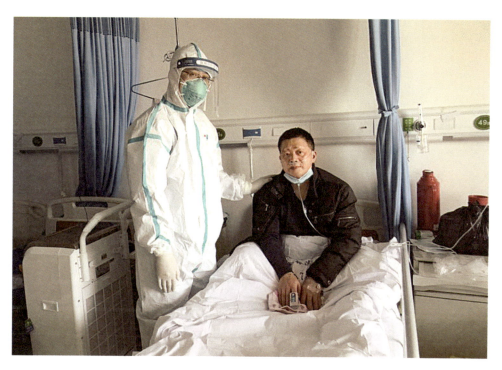

从医生变成患者的黄朝林（右）

收治传染病人的金银潭医院去。"

转运病人、院内专家会诊，这一天，黄朝林一直忙到凌晨4点。这些病人先后被两家医院诊断为病毒性肺炎。为了寻找病原，2019年12月30日，黄朝林安排实施了肺泡灌洗取标本，并将标本送到中科院武汉病毒所。

第二天，湖北省成立"不明原因肺炎医疗救治专家组"，黄朝林成为26名成员之一。作为省专家，他参加每周一次的专家值班；作为金银潭医院的业务副院长，他还要组织重症病区和其他病区的专家讨论和会诊；其他医院转运来的病人，他不仅要去协调和具体安排，有时还要亲自上阵。在为一位病人进行 ECMO（体外膜肺氧合，俗称"叶克膜""人工肺"）操作时，从晚上 11 时开始，直到第二天凌晨 5 时才完成。脱下穿了 6 个多小时的防护服，黄朝林虚脱了一般。

2020 年 1 月 2 日，送到武汉病毒所的 6 份样本检测结果出来了，这是一种从来没有见过的冠状病毒，与 SARS 和 MERS 同属于一大类。科技部紧急启动了关于新冠肺炎的四个重大研究项目，其中，金银潭医院承担的临床项目 1 月 10 日启动，黄朝林是负责人之一。

万万没有想到，十多天后，黄朝林从这个项目的研究者变成了受试者。随着病人越来越多，黄朝林也忙到飞起，每天能睡到 4 个小时已算奢侈。1 月 17 日，他开始觉得身体很不舒服。22 日，新型冠状病毒核酸结果出来了，阳性，他感染了，CT 结果显示双肺已有磨玻璃样病灶。"我也染上了，不要告诉双方老人！你也要隔离。"他给同样在医院工作的妻子打了个电话，用他一贯的简短语言向妻子交代着。

第二天，他住院了，这次进病房不用穿防护服，他是病人。在参加克力芝临床观察知情同意书上签了字，他成为 380 个"试药人"中的一个。克力芝吃下去，严重的副作用开始出现。病情也急剧恶化，"有时感觉肺要咳出来了。"直到 2 月 4 日，病情才稳住。

作为传染病专家，他是怎么感染上的？原来，1 月

10 日晚，在病房及门诊完成工作并消毒后，他向办公室走去。长时间戴 N95 口罩，面部被压得发痛，走在无人的院子里，他取下口罩，大口呼吸着新鲜空气。

突然，跑上来一对 30 多岁的男女，扑通跪在他面前。黄朝林赶紧把他们扶起来，两人是当天转来的一位 62 岁危重患者的女儿女婿。黄朝林详细解释了抢救过程，并劝说二人要戴口罩。此时，这两人一人拉着他的一只手，黄朝林无法将刚摘下来的口罩戴回去。三天后，证实这对夫妻也是感染者！这就是黄朝林回忆梳理的唯一一次可能的暴露。

"过去也有这种情况，我们做医生的一定会是先去把病人扶起来。"黄朝林说，这个病没有特效药，危重症病人治疗效果不理想。这个时候，安慰他们的家属是医生应该做的事。

（记者　田巧萍）

曹丽蓉
第一批感染后，她一康复就盼着回到战场

"居庙堂之高则忧其民，处江湖之远则忧其君，是进亦忧，退亦忧……"武汉市第一医院妇科副主任医师曹丽蓉浅吟低唱，唱哭了多少医护人员。

曹丽蓉医生自拍照

唱这首歌时，是她高度疑似感染新冠肺炎、出现症状并居家隔离的第14天。作为战斗在一线的医务人员，她也是该院第一批感染的一线医生。

2020年1月14日，曹丽蓉一天做了5台手术，下手术台时已是晚上7点多，"感觉身体特别累，就像被掏空了一样"。然而，这样的工作强度对她来说本是家常便饭。第二天，全身疼，没精神，哪都不舒服。第三天，剧烈的阵发性头疼，晚上体温达到38℃。

第四天早上，曹丽蓉开始咳嗽，她惊觉："不会是中招了吧？"上手术台前，她赶紧去查了血，白细胞3.35，低了！"很可能是中招了，一周三个专家门诊，每天好几台手术，只戴了口罩，到底是哪个环节出的问题，我不知道。"

可病人已经送到了手术室，她不得不上手术台，戴上两层医用外科口罩，怕万一中招"连累"同事和患者。

一下手术台，曹丽蓉就冲到了放射科。CT结果显示双肺磨玻璃样，病灶还不小，"高度疑似"。她说道，"科里的同事平时都叫我'铁汉子'，从来不叫苦叫累的，没想到我成了医院第一批倒下的医务人员。"

托丈夫把70岁的老母亲和11岁的儿子送到亲戚家

后，曹丽蓉从 1 月 18 日开始居家隔离。

凭借自己的中医经验，曹丽蓉为自己开了 6 天的中药颗粒冲剂。在家每餐换着花样做好吃的，以努力提高免疫力。渐渐地，头痛完全好了，也不咳了，胃口和睡眠都恢复了正常，"我知道我正在痊愈"。27 日，她复查了血液分析和 CT 片，白细胞正常了，肺部的病灶也有好转。

当晚，在《经典咏流传》节目中听到了范仲淹的《岳阳楼记》，曹丽蓉越听越觉得，太契合当下医务人员的心境。她决定学会后录下来发给那些奋斗在一线的战友们，给他们加油鼓劲。

1 月 29 日中午，记者连线曹丽蓉，她沙哑着嗓子说道："目前所有症状已经全都消失，希望核酸检测转阴后，我能够尽快回到战场，跟同事一起并肩作战。"

（记者　刘璇；通讯员　严睿、刘沛）

朱　彬

"逆行"千里回汉，
"我是一名医生，我要回去上班"

两次申请回到武汉，两次经历航班取消，最终辗转飞抵长沙，自驾 4 小时回汉。2020 年 2 月 4 日，华中科技大学同济医学院附属协和医院感染性疾病科主治医师朱彬向记者讲述了这段历经曲折、"逆行"千里的归队之旅。

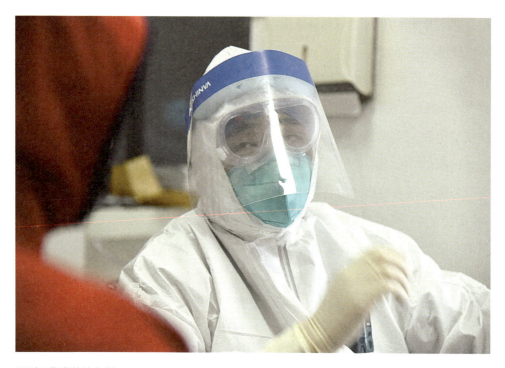

回到工作岗位的朱彬

2019 年 12 月，朱彬前往上海华山医院感染科进修学习，原计划 2020 年 2 月回汉。12 月底，通过协和医院感染科工作群，他感受到同事们的压力与日俱增，有的同事坚持带病工作，有的同事即便家人过世，也匆忙回来。

"我要和大家在一起！"朱彬当即向两边科室提出申请。但感染科郑昕主任考虑到学习机会难得，并没有同意他的申请。

随着疫情发展，协和扩充发热门诊和隔离病区，并派遣人员支援定点医院，医务人员的工作强度空前加大。

1月23日，朱彬再次申请回汉，这次，郑主任同意了。

1月24日，朱彬预订了机票，几小时后航班取消。火车同样显示停运，他赶紧预订了25日的机票。谁知到了24日晚上，航班再次取消。

灵机一动，他决定飞赴长沙，"如果自己租车从长沙回汉，说不定可行。"1月27日中午，飞机落地长沙黄花机场。片刻都没有休息，朱彬直接提车上高速。他回忆说，租车公司的客服发现他的目的地是武汉，还特意打电话询问。他回答说，因为我是一名医生，我要回去上班。租车公司主动免掉了3000多块钱的费用，这让他感到自己"不是一个人在战斗"。

备好医院出具的在职证明和调令，带着工作证，自驾4个多小时后，27日下午5时，朱彬终于回到了武汉。他第一时间给郑昕主任打电话："我回来了，可以安排工作了。"

1月31日起，朱彬正式加入科室排班，负责在发热门诊坐诊，6小时一个班次。真的回来了，才发现情况比自己预期的还要严重。一旦穿上防护服，必须6小时不吃不喝不上厕所。否则一脱一穿就是半个小时，病人的诊疗就耽误了。2月2日当天，朱彬从早晨8时坐诊到下午2时。

自打上班后，朱彬就没有回家。休息的时候就近住在医院统一安排的宾馆里，防止交叉感染，也方便有紧急情况时可以及时赶到医院。

（记者 苏金妮；通讯员 协萱）

樊艳青

"我告诉自己不要流泪，
眼睛要用来看片子"

"我时刻提醒自己，告诉自己不要流泪，眼睛要用来看海量的 CT 和 X 光片子。"48 岁的樊艳青是武汉市金银潭医院放射科主任。自金银潭医院被列为抗击疫情定点医院起，她便带领团队奋战在抗击疫情一线，为所有入住医院隔离病区的重症和危重患者拍 CT 片和拍 X 光片，填写入院病情评估报告。

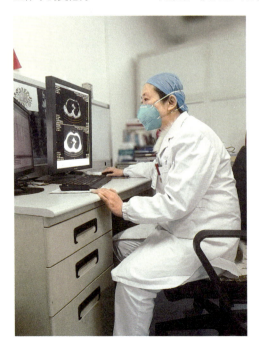

工作中的樊艳青

从 CT 机房里走出来，樊艳青脱掉手套去洗手。淋水、取洗手液、搓手心手背、再淋水、擦干，每一个动作规范而熟练。她用湿纸巾擦去额头渗出的汗，又擦了擦眼角，这才安心坐了下来，与记者面对面。

"这次新冠肺炎，在肺部主要表现为外带分布、多叶段、磨玻璃间质性改变，肺部感染变化很快，两三天就出现非常大的影像变化。"樊艳青说，虽然医院里都是转诊过来的患者，此前在首诊医院拍过片子，但由于病毒性肺炎肺部感染变化极快，她们必须重新评估病情，守好第一道关口，提供入院第一手证据，甄别出病毒感染的蛛丝马迹，为治疗打下基础。

截至 2020 年 2 月 6 日，为抗击疫情，金银潭医院放射科 21 人已有 30 多天没有休假。他们分成几个小组，昼夜轮班，值守在 CT 机旁。更多的时候，他们穿上防护服，推着移动胸片机，冲向隔离病区的病房里，在病床边为不能动弹的患者拍胸片。

"这次新冠肺炎的肺部影像，最显著的表现是肺部感染呈磨玻璃病变，重症感染的话，肺部出现一片白。"樊艳青说，极少见到感染如此严重的 CT 片，每一张"白肺"片子，意味着一名患者挣扎在死亡的边缘。想象着患者呼吸困难的痛苦样子，她感到难过，更为病毒的传播而揪心，"我们没有时间流泪，要争分夺秒地去看片子，去写报告，去诊断"。

每一名患者从入院的拍片评估到查看进展，再到治愈出院，少则拍两次片子，多的得拍四次片子。每一张片子拍了 600—800 帧。这段日子以来，不完全统计，这个团队的 21 双眼睛，盯着看了约 150 万帧片子。而这样的工作还在持续。

2020 年 1 月初，樊艳青找到院长张定宇，提出要为全院职工做 CT 筛查。她对院长说:"保护好自己,可以放心地救治患者,还可以及时发现院内有没有感染者。"张定宇最终答应了樊艳青的请求。

金银潭医院有 600 多名职工。樊艳青带着团队加班加点,为一线医生护士安排错峰拍片子。她对放射科主管技师邓雄波说,病毒隐藏很深,每一名队员必须细心甄别,"不愿看到同事们在一线受到感染,我们都很警惕"。

(记者 柯美学;通讯员 李洁)

李冬冬

零距离采样最早一批感染者

自 2019 年 12 月 31 日"不明原因肺炎"患者送进金银潭医院那刻起,位于汉阳大道 580 号的汉阳区疾病预防控制中心里就日夜灯火通明。

传染病防治科的李冬冬和他的 10 名同事已经 15 天没回过家,他们的工作是流行病调查,是最早站在"不明原因肺炎"患者面前的人员之一,是阻断传播的信息源、突击队。

2019 年 12 月 31 日,李冬冬接到通知,金银潭医院收治了"不明原因肺炎"患者。当天,他和 5 名同事第一次零距离接触到了这批患者,按照工作流程调查病

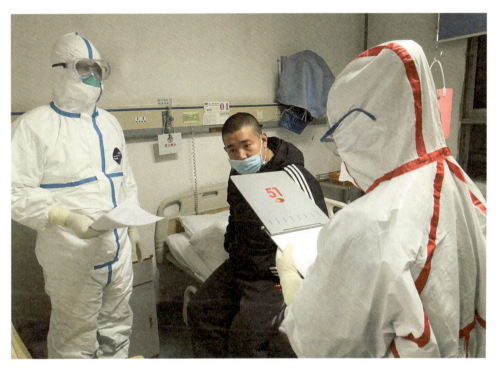

李冬冬与同事在询问
患者病情

例就医情况、家庭情况、活动情况，有无可疑的病例接
触、环境暴露以及饮食。事无巨细，绝不放过任何蛛丝
马迹，就是为了找到传播源、传播方式以及潜伏期和症
状，为医者采集到第一手准确的信息。

2020 年 1 月 3 日，李冬冬接到通知，位于汉阳的
武汉市第五医院收治了两名男性中年患者，从 CT 和
血液检查看，初步判断为疑似病例。当天下午，经过 5
个多小时的调查之后，李冬冬的心一下子就提了起来，
"感觉'不明原因肺炎'离我们近了，而且很近"。这
两人均有与华南海鲜市场有关人员接触的经历，也都有

过农贸市场的经历，也有与家人密切接触的情况……得知这些情况后，要安排消杀部门的同事前往相关农贸市场做消毒消杀，告诫其家人在家戴口罩自行隔离观察，梳理分类去过的地方、接触过的人，按图索骥逐一联系深入调查，告诫相关人员居家隔离观察。

"最困难的 20 天都过去了，现在没什么是不能扛的。"李冬冬说，从 1 月 3 日到 23 日的 20 天，汉阳疾控组成 10 人突击队，由李冬冬带队，24 小时奔走在医院与疾控中心之间。在疾控中心穿工作服，到了医院换防护服，持续不断的调查，一轮下来就是一整天，为了尽可能地抢时间多采集调查病例，只能早晨多吃不喝水，中午不吃，坚持到下午。与单个患者接触的平均时间远远高于医护人员。

"学的就是公共卫生，毕业就到了汉阳疾控，做的就是流行病调查，接触传染病本身就是分内事。"今年 35 岁的李冬冬语音里透着坚毅与果敢。

（记者　李冀）

童巧霞

为避免感染，所有病人的
这项操作她一个人来做

华中科技大学同济医学院附属协和医院是武汉最早

接诊新冠肺炎的医院之一。该院感染性疾病科主任医师童巧霞教授带领的团队也是武汉第一批奋战在战"疫"前线的医护人员。直到现在，童巧霞和她的同事们仍奋战在一线，没有一天歇息。

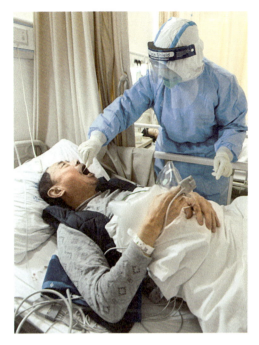

童巧霞为病人咽拭子采样

隔离病房收治的都是确诊或疑似的重症病人，由于人手严重不足，全院医生轮换在这里工作，而这其中，童教授是常驻。2020年2月6日，记者进入传染病重症隔离病房，跟踪记录了童巧霞团队奋斗在战"疫"一线的点滴镜头。

每天7：40之前，童巧霞就要到病房了解病人前一天晚上的病情，然后带领大家进行查房。查房前每人都要做好防护，确保万无一失零感染，穿上防护服、隔离衣，戴上护目镜、戴双层手套，宇航服般的全身防护让人似乎透不过气来，每次查房出来都是一身大汗。

为了避免别人有被感染的风险，这天，所有病人的咽拭子采集都是童巧霞教授一人操作。治病的同时，还要"治心"。童巧霞会抽隙积极疏导病人心理问题，帮病人树立战胜疾病的信心：相信我们！相信自己！

脱下装备，并非休息的开始。童巧霞要和大家商量一天的治疗方案，及时调整和增减用药。这一天，病房传来好消息：有2名重症患者治愈，可以办理出院手续，大家都很欣慰。

下午，童巧霞还要分析重症病人的检查结果、准备收治新病人、转运病人到定点医院。每天下班前，她都会仔细写好病情日记。6日晚上，她一直忙到8点多钟才离开病房，骑自行车20分钟回到家中。

回到家也并不轻松，童巧霞首先要给年近90岁的父母电话报平安，然后再为生病的丈夫准备第二天的饭菜和药品。

童巧霞教授是所有奋斗在战"疫"一线的医护人员缩影，正是这样的白衣"战士"，面对凶残的病魔勇敢逆行，坚强地守护着百姓的生命健康。

（记者　高宝燕；通讯员　聂文闻）

护士群像

郭 琴

躺在病床上，两次要求重返一线

护理患者过程中感染新冠肺炎，武汉大学中南医院急救中心护士郭琴在隔离治疗 15 天后，于 2020 年 1 月 29 日重返工作岗位。巧合的是，由她护理的重症患者胡先生，也在同日康复出院。

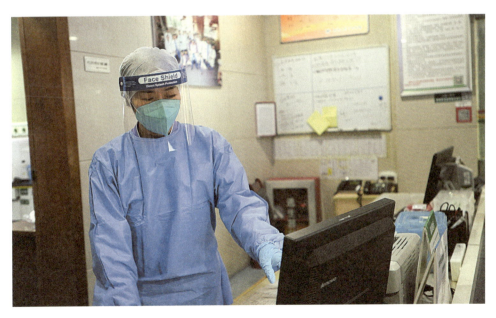

专心值班的郭琴（彭年 摄）

1月5日，感染新冠肺炎的患者胡先生病情加重，转入重症监护病房。护士郭琴负责照料，经常要进行吸痰等近身操作，和该患者接触最为密切。

1月12日，郭琴出现了低烧、四肢关节疼痛的症状，次日体温上升到38℃，CT显示双肺"毛玻璃样影"，高度疑似为新冠肺炎。"此前还没有新型冠状病毒感染的肺炎的说法，患者一律称为不明原因肺炎。"郭琴坦言，"最令人恐惧的就是这个'不明原因'——你对它一无所知，不知道病情会发展到什么程度，更未掌握战胜它的方法。"

郭琴治愈后重返一线

郭琴成了医院第一个被感染的医护人员，她被安排在急诊病房，这也是她平时工作的阵地。当晚，郭琴一夜无眠，监护仪器的滴滴声和搭档匆匆的脚步声，在寂静的深夜格外清晰。"脚步声几乎一夜没停，我很快忘记了恐惧，只想尽快回到他们中去。"

幸运的是，对症治疗后，郭琴的病情很快好转。1月14日，体温降到37.4℃，此后再未上升。她第一次向护士长田钰提出："如果我的病好了，我能不能加入大家？"

"护士长，病房重症患者越来越多，大家压力都很大……您能不能请示下，要是没有大碍，我就来上班。"1月20日，郭琴再次给护士长发了条微信，这一次她得到了肯定答复：只要两次新型冠状病毒核酸检测阴性，她就可以解除隔离回来上班了。

郭琴坦言，家人曾委婉地表达担忧，但最终还是尊重她的选择。父亲说："你除了是一名护士，也是一个妻子和母亲，凡事都要考虑周全。"郭琴回答："我相信组织，他们可以保护好我，我也有能力保护好自己。"

（记者　武叶；通讯员　高翔、李晗）

单　霞

这个光头真美！
美女护士"削发明志"

"削发明志"的单霞
（本人 供图）

20多岁是最爱美的年龄，而武汉大学人民医院神经内科护士单霞却毅然剃掉自己的一头秀发，成了光头，"削发明志"只为投入抗击新冠肺炎一线！

"科室的同事，身边的朋友，家里的亲人看到我这样，心情都变得很沉重。没关系，头发剪掉了可以再长，现在的首要问题是保护好自己的同时，尽力救更多人！"这位年轻女孩的话令护士长既振奋又心疼："在最爱美的年龄，她却毅然决然地剪掉自己的一头秀发，这需要多大的勇气！"

单霞边安慰同事边解释："准备工

作做好了才能上战场，头发长了也可能沾染上病毒。相信我们还会再团聚在一起快乐地工作。"

武汉大学人民医院东院区自成为第三批定点医院后，病人很多，各类防护物资消耗量极大。上了一线后，单霞拼尽全力救治病人。为了节约宝贵的防护服，她和伙伴们向护士长请求"进去以后，让我们尽量多待一点时间"。单霞向记者说道："8 个小时不吃不喝不上厕所，吃东西都得注意一点，不吃冷的，不吃辣的，怕自己临时要上厕所，导致防护物资的浪费。所有的医务人员都在坚守，都在拼命、努力地坚守。"

（记者　伍伟；通讯员　杜巍巍）

杜　蕾

十多个小时不吃不喝
不上厕所，节约一套防护服

"病人是 2020 年 1 月 23 日那天突然多起来的。"从那一天开始，武汉市中医医院汉阳院区急诊科护士杜蕾闻到了硝烟的味道。急诊科力量不足，医院从各个科室抽调医护人员前来支援。回家过年的同事接到通知，也都纷纷赶回武汉。

一线面临的形势是严峻的，作为一家以中医诊疗为特色的综合医院，即便在非典时期，也从未出现过一下子涌入这么多发热病人的情况。医院的物资储备严重不足，从各个科室调集来的医护人员，都要经过专门的培训才能上手。

从除夕当天开始，杜蕾早上8点穿上防护服，要一直坚持到下午六七点下班再脱，其间不吃、不喝、不上厕所。

医护人员早晚各一餐，中午医院安排了盒饭，但很多人没有吃——一方面确实忙得吃不上饭；另一方面防护服非常紧缺，一出病房就意味着多浪费一套装备。

杜蕾8岁的儿子每天通过微信和妈妈视频联络，他还不能够完全理解这座城市正在发生的事情，杜蕾也不太愿意跟儿子提起。但当记者问道，等这场战"疫"结束后，最想做的一件事是什么？杜蕾哭了："只要一家人平平安安在一起就足够了。"

（记者　武叶；通讯员　张姝）

阮丽萍

打败病毒后，她盼着再次回到战队

"明天，我就可以从隔离病房出来了！"2020年2月2日晚上9时，记者联系上武汉市第六医院（江汉大学附属医院）骨科护士阮丽萍时，她还有些轻微咳嗽。2月1日拿到结果，得知自己两次核酸检测都是阴性时，阮丽萍轻吁了一口气，"这意味着我在兄弟姐妹的帮助

逐渐康复的阮丽萍与
照顾她的护士合影

下，成功地将病毒打败了，也预示着很快我就会回到我的战队，跟我的战友们一起并肩战斗。"

1月17日小年夜那天，阮丽萍临时接到护理部指令：发热门诊忙不过来，速速支援。来不及吃饭，她披了件毛衣就赶了过去。穿上防护服，戴上帽子、口罩，因为戴着近视眼镜，她没有戴护目镜。下夜班回到家，她当即让丈夫把儿子送到了外公家，退掉了返乡看望公公的火车票，做好了随时上一线的准备。

1月21日，下班回家后，她觉得浑身酸痛，呼吸困难，体温37.8℃，不祥的预感顿时涌上心头。立刻回医院进一步拍肺部CT、查血，全都有问题。"是的，我中招了，我住进了隔离病房。"

从1月21日住进隔离病房，到1月27日呼吸困难的症状减轻，阮丽萍坦言，自己经历了从绝望到新生的跌宕起伏。看到同事们全力以赴救治自己的模样，她的心里满满的都是感激和感动，与此同时也有些许遗憾，在冲锋陷阵的关键时刻自己险些阵亡。

"我必须努力让自己尽快好起来，尽快归队。"阮丽萍说，说起自己的患病经历，除了感激战友，也想给正在经历病痛的病友一些信心，"请无条件地相信我们的医护人员，他们会拼尽全力去挽救你的生命，因为这就是他们的使命和责任担当"。

（记者 刘璇；通讯员 袁莉）

李 慧

"95 后"护士请战，如有不幸，捐献遗体研究攻克病毒

"今天接到爸爸的视频电话，短短几分钟一度哽咽……他问我为什么瞒着他，但他想有些事总要有人去做。让我保护好自己，坚守自己的岗位，等我回家。"2020 年 1 月 31 日，武汉科技大学天佑医院肿瘤科"95 后"护士李慧在朋友圈上发表了一段父女对话。

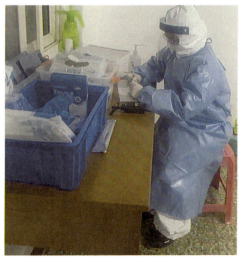

李慧在病房中

这段对话源于 3 天前李慧发给医院护理部的"请战书"。3 天前，李慧在医院征集志愿者时向护理部交"请战书"，要求到任务较重的呼吸二病区参与一线工作，并要求不要告知家人。

"请战书"中一句"如有不幸，请捐献我的遗体研究攻克病毒"，牵动了全国亿万人民的心。李慧爸爸这才得知女儿在抗击疫情一线，他忍不住给

李慧拨通了视频电话，一度哽咽，但是他交代女儿"有些事总要有人去做，保护好自己，坚守岗位，等你回家"，简短的嘱咐负载着如山父爱。

李慧说："父亲在无言中，坚定、执着地守望着我，给予我前行的力量，好想对所有人说，这就是我的父亲，他很平凡但很伟大！"

（记者　伍伟；通讯员　谢靖）

樊　莉

隔离病房外，她的脸上满是勒痕

樊莉走出工作了24天的隔离病房，面部被护目镜勒出深深的痕迹

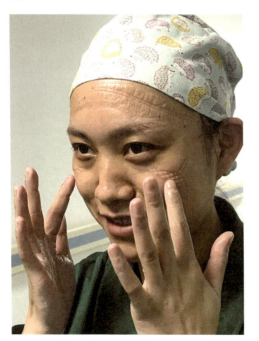

2020年1月22日下午，26岁的樊莉已在武汉市金银潭医院南六区的次危重病房工作了24天。出了隔离病房后，她用手使劲搓着头上被护目镜勒出的印迹。她知道，这样的印迹是搓不掉的，只有等几个小时后自然消退，但她和工作在次危病房的同事们，往往是旧迹未退，又要穿上三级防护服、戴上厚厚的口罩进病房，但这种想抹去的动作形成了习惯。

没有怨言，投身这场没有硝烟的战"疫"。她们说："作为武汉市传染

病专科医院的一员，我不冲上去谁去？"

（记者　田巧萍；通讯员　李洁）

下一个元宵节，你一定要平安喜乐

秦　欢

她戴上了医疗手套，却戴不上婚戒

　　除夕夜，工作一天渴得没时间喝水，嗓音嘶哑，女孩子的纤纤玉手，脱掉手套后变得肿胀发白。对于 27 岁的秦欢来说，这个除夕很特别，是她的结婚纪念日，可脱下手套后，"结婚戒指戴不上去了！爱美之心早已离我们远去，只想多出点力多做点事，让疫情早点过去！"

（记者　毛茵；通讯员　桂芳）

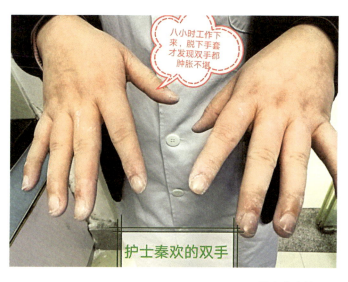

护士秦欢的双手

人民军队：
英勇无畏

病毒肆虐武汉，全城告急，在这场看不见硝烟的战争中，人民子弟兵从全国四面八方赶来驰援，持续奋战在抗击疫情的最前线。他们召之即来，誓死不退，为人民群众筑起一道钢铁长城。

陈 红

军装可以脱，军人的本色不能脱

除夕夜，首批来自西安、上海、重庆 3 个方向的 450 名军队医疗人员星夜驰援武汉。截至 2 月 13 日，军队共派出 3 批次 4000 余名医护人员支援武汉抗击新冠肺炎疫情。

火神山医院感染七科一病区主任护士陈红是其中的一员。今年她到了最高服役年龄，本可以退休的她，却毅然选择来到武汉。她说，要打好最后一场战役，给自己的军旅生涯画上圆满句号。

在一线工作 36 年，不远的将来，陈红将脱下挚爱的军装。她说，军装可以脱，但是医护人员的职责不能脱，军人的本色不能脱，党员的党性不能脱。如果有下辈子，她还想穿这身军装。

满是鲜红指印的请战书

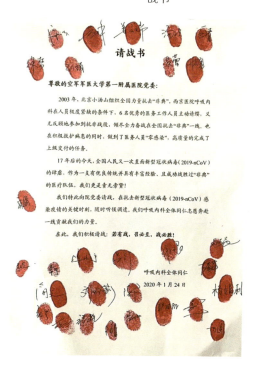

125

逐一检查病区设施，
为接诊首批患者整宿未睡

2月4日上午9时许，武汉火神山医院感染七科病房外，护士陈红和战友们做好了一切收治准备，耐心等待着即将转入的首批新冠肺炎确诊患者。

9时30分开始，10辆救护车载着来自武昌医院、汉口医院和武汉市中心医院的新冠肺炎确诊患者，陆续驶入火神山医院。

在病房外的转诊交接区域，救护车刚刚停稳，陈红第一个走上前去，她和战友们熟练地接过担架，将患者轻轻转移到担架车上。其他医护人员扫描转诊患者身份凭条上的二维码，立即生成了电子病历，并迅速显示出患者的床位、管床医生和护士的姓名。

部分患者病情较为严重，陈红和战友们将患者挪到病床之后，合力为患者换上蓝白相间的病号服，然后为患者进行鼻导管吸氧和心电监护……

转入的患者在医护人员的护送下，相继入住到病房。为了保障收治工作顺利进行，火神山医院的医护人员提前进行有针对性的人员调配，拟定初步的救治方案，大家一连好几天都没睡好觉。

接诊前一天晚上，陈红一直在检查病区的设施，包

火神山医院收治患者

括门的密封度、跟病人沟通的呼叫器、氧气的输送系统
等，一点一点检查，记不清自己忙了多少个小时了，一
整宿都没有睡。"困还感觉不到，就是特别累，腰酸腿
疼的。"

给患者暖心关怀，
闷热难耐中持续高强度工作

不到半小时的时间，患者全部安置到位，医生们开
始对患者进行初步检查，而陈红和护士们的查房工作才
刚刚开始。

"护士，收到请回答。""收到，收到。""里面需要纸和笔，你们马上送进来。"

正在病房里忙碌的陈红不停地用对讲机和战友们交流，她们要尽快将已经转进来的患者妥善安置好，以便接收马上又要转进来的下一批患者。

"这屋可能有点热，你们可以换上这个衣服。每天都有医生和护士，一直在这儿给你们治疗和护理，你们有什么事儿不要着急。还是要安心养病。你们有需要，我们会尽最大努力给你们解决。"查房的过程中，陈红亲切的话语让患者感到暖心。

在一线工作了 36 年，火神山医院紧张的工作环境竟也让陈红有些难以适应。穿上厚厚的防护服，从头到脚密不透风，呼出的气体在护目镜上凝结成水珠，陈红的视线受到影响，只能看到模糊的人影。不到半小时，陈红感到闷热难耐，"我的汗一直不断地流，像水一样。"

因长时间穿着防护服，加上高强度工作，陈红的战友、无锡联勤保障中心东部战区总医院护士郭晨晨出现中暑现象，晕倒在岗位上。见此情景，陈红赶紧扶她到病床坐下休息，同时持对讲机讲："外面的护士还有人吗？马上进来一个。"

本该退休的她自愿上前线，
若有下辈子还想穿这身军装

"每天都在病房查房，时时刻刻了解病人的需求，病人需要我们做什么，包括生活上的、治疗上的要求，我基本都是掌握信息的"，陈红说。

查房期间，擦地、打水、叠被子等杂务，陈红也要自己动手。"因为现在护士都比较忙，消耗也很大，遇到这样的事情我们谁见到谁做，吃喝拉撒我们全都得管，医疗护理我们都得管。"

查房工作结束，看到患者们都已顺利入住，陈红终于可以松口气了。今年，陈红就到最高服役年龄了，本可以退休的她，却依然选择来到这里。

作为一名参加过抗击非典、汶川抗震救灾、抗击埃博拉疫情的老兵，这次任务，陈红依然申请再次来到一线，"我是自愿强烈要求到一线去，我对军队、军人有一种特殊的情结。在这种困难的时候，有大灾大难的时候，我们军人就应该义无反顾地奔赴前线。"

陈红说，在不远的将来，她就要脱下这身她非常挚爱的军装，但她认为，军装可以脱，但是医护人员的职责不能脱，军人的本色不能脱，党员的党性不能脱。如果有下辈子，她还想穿这身军装。"最后一场战役，我一定要打好，一定要完成好这次任务。给自己的军旅生涯画上一个圆满的句号。"

（记者　汪洋　整合自中央电视台以及中国人民解放军联勤保障部队微信公众号）

军医群像

刘　丽

满脸口罩压痕的照片令网友泪目

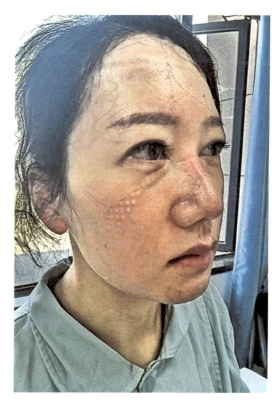

脸上被口罩勒出压痕的刘丽

除夕夜，陆军军医大学西南医院主管护师刘丽正准备坐飞机去看女儿。她在机场刚过了安检便接到任务，立即从机场返回医院，只是给妈妈打电话说，医院有任务，需要驰援武汉。

一周后，刘丽的一张照片让无数人泪目。照片中，她满脸是口罩压痕，鼻子上还有水泡血印。面对镜头，刘丽眼神坚毅："我是党员，也是军人，名字就不说了！"

直到她的那张脸上有压痕的照片被制成了"海报"在媒体上传播，妈妈才通过网络知道，刘丽其实是到了收治病人最多的金银潭医院。妈妈打电话来，哽咽着说："你的脸能恢复吗？"刘丽说："当然能恢复。我还是你漂亮的乖女儿。"

大家现在都叫刘丽"海报"护士，她说自己其实很惭愧。"在这里，在一线，在病房……拼命的又何止我一个？"

一天晚上，刘丽夜班时一下收了6个病人，和同事一起把他们一个个安排进病房。有一位患者突然问刘丽："你们是解放军吧？"三级防护让她说不出太多的话，只能点点头，比了一个 OK 的手势。病人笑了，对刘丽点点头，竖起信任的大拇指。那一瞬间，刘丽突然很想哭。

（记者 汪洋 整合自新华社、

解放军报、南方 + 新闻客户端）

郭晨晨

高强度工作下冬天中暑

2月4日，火神山医院收治首批确诊患者，正在忙着转运患者的医疗队员郭晨晨在转运完一半患者后，因长时间穿着防护服，加上高强度工作，出现中暑现象，晕倒在岗位上。虽然已经中暑，但仍不能脱掉厚厚的防护服，更不能把口罩摘下来，只能暂时休息。视频一经播出，立刻引起网友们的点赞和心疼，叮嘱医护人员注意身体，千万不要再出现冬天中暑的现象。

郭晨晨是无锡联勤保障中心东部战区总医院的一名护士。疫情发生后，她积极向医院递交请战书，晕倒前她正忙着转运患者，为了能够第二天顺利收治患者，前一晚她和战友们只睡了 3 个小时，第二天一早便赶到医院，穿上厚厚的防护服，20 分钟就汗流浃背，更是一口水都不能喝，才会出现冬天里中暑。

这个平时爱说爱笑的姑娘，2 月 2 日和战友们一起从南京出发，"逆行"前往武汉，他们跟时间赛跑，与病魔竞速。

（记者　汪洋　整合自中国人民解放军联勤保障部队微信公众号）

滕　毅
每天休息不足 3 小时，检测多个标志物项目

2 月 5 日凌晨 2 点，这是火神山医院收治第一批患者的首个夜晚，军队支援湖北医疗队队员、检验科设备管理组组长滕毅主动申请值夜班。此刻，他还在精心调试检验设备，校准项目。

"只有快速检验出结果，才能为医生的诊断治疗提供可靠保障。"他一边盯着设备，一边告诉记者，为了让设备尽快满足新型冠状病毒检验的临床需求，他已经

连续几天铆在岗位进行调试，每天休息时间不足 3 小时。在滕毅的努力下，设备已经可检测多个标志物项目。

2 月 2 日，滕毅和战友们从广州白云机场出发，携带相关医疗物资前往武汉执行疫情防控和救治任务。据悉，和他一同前往的有 20 余名副高级职称以上专家，大部分成员参与过小汤山抗击非典、援非抗埃等重大任务，具备丰富的疫情处置经验。

（记者　汪洋　整合自中国人民解放军
联勤保障部队微信公众号）

滕毅在检验设备

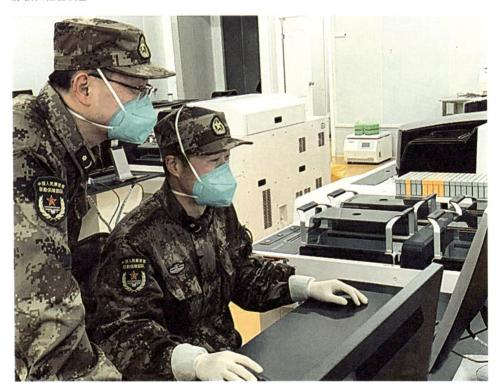

人民解放军是最可爱的人

手记
记者

除夕夜，在抗击疫情最关键的时刻，首批450名部队医护人员迅速集结，从全国各地直飞武汉。他们争分夺秒，来不及与家人告别，只为了第一时间奔向抗击疫情的最前沿。

"是人民解放军给了我第二次生命，如果没有他们，我不知道自己还能不能挺过去。"火神山医院患者万秦晖（化名）在接受记者采访时，数度哽咽。感染上新冠肺炎以来，他曾高烧到39.5℃，而体内却寒冷得直打哆嗦，整个人缩在被子里，浑身发抖。当时他非常害怕，担心自己会死去。

后来，万秦晖成为火神山医院收治的第一批患者，用他自己的话说，火神山医院的军医们犹如神兵天降，有了他们的精心治疗和守护，他不再害怕，病情也在一天天好转。

是的，当我们的城市、我们的国家面临困难和挑战，当人民群众感到恐惧无助的时候，每一次都是人民子弟兵挺身而出，急难险重冲锋在前。1998年抗击洪灾，2003年抗击非典，2008年抗震救灾、抗击冰雪……无论何时何地，国家一声令下，他们义无反顾，战斗到底。

　　可是，他们也不过是血肉之躯，脱下军装，他们也是别人家的儿子、女儿、丈夫、妻子、爸爸、妈妈。我在采访驻鄂部队抗击疫情运力支援队官兵时，得知董波顾不上给新婚的妻子过生日，夫妻双双坚守在抗击疫情的一线。当记者了解到，陆军勤务学院训练基地副主任周保津嘱咐家人不要外出走动，自己却瞒着他们，每天在武汉三镇奔波执行任务，我深受感动。

　　面对困难和挑战，他们展现出铮铮铁骨和钢铁一般的意志，而面对他们深爱的家人、群众和国家，他们则默默把责任扛在肩上，甘当逆行者。而这一切，为的是把安全和幸福留给他们所守护的人。

　　此时，记者想起了作家魏巍曾写过的一篇文章——《谁是最可爱的人》。光阴荏苒，人民解放军的光辉品质丝毫没有褪色，他们仍然是我们这个时代最可爱的人。

（记者　汪洋）

董　波

人民需要我们，我们随时挺身而出

2020年2月9日清晨6时30分，天刚蒙蒙亮，驻鄂部队抗击疫情运力支援队的260名官兵已集结完毕。在他们身后，130辆军运卡车整装待发，即将驶往武汉市的各大配送中心，拉满生活物资后运至武汉三镇的100多个商超网点，保证市民日常生活物资供应。

运力支援队官兵奔赴战位

据了解，为确保疫情防控期间武汉市民生活保障物资的正常供应，让老百姓吃上新鲜蔬菜，经中央军委批准和中部战区命令，成立驻鄂部队抗击疫情运力支援队，由湖北省军区统一指挥，武汉警备区负责任务对接和车辆调度，担负疫情防控期间生活物资和防护物资的运输保障。

"一方有难，八方支援。人民解放军永远不会缺席！这次执行任务，大家有没有信心？"临出发前，三中队三分队分队长董波发出动员令。面前的40名战士铿锵回答："有！有！有！"

既当驾驶员又当卸货工，在群众需要的时候及时出现

晨光熹微中，战士们出发了。每辆军用卡车内都有正副两名驾驶员，车身上挂着红色横幅。他们从江夏金口的停车场鱼贯而出，按照指挥所指定的路线驶往全市各个配送中心。

这次任务，三中队三分队出动了19辆车，驶往9个配送中心，董波在其中的一辆军车上，他这条线路有2辆车驶往东西湖区食兴路3号的配送中心。按照路线安排，他们需在8时30分之前赶到配送中心。

车辆上路后，董波拿出手机，拨通了配送中心负责

人李小红的电话："您好！跟您确认一下今天上午的用车需求。我们这边按计划来了两辆车，装载的地方是在食兴路 3 号的配送中心吗？"对方答道："是的，就是昨晚确定的地点。你们办事真细心，谢谢你们！"

8 时 20 分，车辆提前到达，董波和战友们将车尾朝向仓库方向，车辆停稳后，他们跳下车，打开车厢挡板。此时，配送中心负责人李小红也已到达现场。

顾不上寒暄，董波和战友们立即忙活了起来。他们将仓库里一箱箱蔬菜、水果、方便面、牛奶、面条、食用油等物资搬上车。不一会儿，他们的额头便冒出了汗珠。

"感谢解放军同志！你们辛苦了！"配送中心负责人李小红感激地说道："抗击疫情的特殊时期，物流配送企业的员工还未复工，是人民解放军担起了这个重任。"

"不用谢！群众有难，我们人民子弟兵就该及时出现。"没有多余的话语，质朴的战士们擦了一把头上的汗，便发动卡车，准备驶往目的地——武商超市大东门店。离开的时候正是午饭时间，李小红拿出两箱泡面，硬要塞给战士们，但战士们婉拒了。

"不拿群众一针一线，这是我们的纪律。"驶离配送中心后，他们将车开到开阔处，拿出随身携带的自热食品，就坐在路边的石头上，匆匆吃了午饭。

下午 1 时，车辆到达武商超市大东门店，董波又和战友们忙着将车上物资卸下来。战士们在车上搬，武商超市大东门店的员工在车下抬，军民合力，将物资搬进仓库，送上超市货架。

疫情就是冲锋号，
时常夜晚执行任务通宵无眠

卸完物资，董波和战友们准备返回，这时指挥部来了电话，告知辽宁省援助湖北医疗队将于下午抵达天河机场，命令董波调集 3 台车前往机场接运物资。

挂断电话后，董波和战友们立即掉转车头，火速赶往机场。下午 3 时，辽宁医疗队的医护人员走下飞机，他们带来了口罩、一次性使用无菌输液器等 100 余件医疗物资。董波和战友们赶紧上前接应，将物资一箱箱搬上卡车，共装运了三车。

将物资运送到医疗队位于民族大道的住宿点之后，战士们又将物资卸下来摆放整齐。忙完这些已经晚上 6 时许了，一轮圆月升上了天空，战士们顾不上喝一口水，便披着夜色，踏上了返回的路程。

而这个时候，也正是驻鄂部队抗击疫情运力支援队指挥所最忙碌的时候，指挥所根据武汉市疫情防控指挥部需求，部署下达出动任务车辆和官兵，明确次日需配送的超市网点和定点点位。

董波和战士吃完晚饭，便接到了指挥所交代的任务单，董波和战友据此制定次日的行车路线，之后备好对讲机、口罩、防护服、洗手液、自热食品、水杯等必备物品，只待次日一早再出发。

也有时候，出发的时间是在夜里。前几天，武汉建方舱医院，董波和战士们夜晚集结出发，拉床垫、拉桌椅，忙到清晨 7 点多才回。火神山医院主体建筑完工后，战士们也是晚上执行任务，将设备一趟趟运到医院，通宵未眠。

"疫情就是冲锋号。人民需要我们，我们随时挺身而出。"董波说。

和新婚的妻子都坚守前线，等疫情结束想给她补过生日

2 月 9 日晚 10 时，董波结束了一天的忙碌，终于有了自己的时间。他打开手机微信，给妻子发了一条微信："现在忙吗？"手机那头，妻子很快回应："也刚忙完。"知道董波白天奔波不停，妻子一直没有打扰。她知道，丈夫睡觉前一定会联系她。

今年 27 岁的董波是河南周口市人，2019 年 9 月刚结婚，妻子是他老家的邻居，两人从小一块儿长大，算

得上是青梅竹马。

2011年，董波军校毕业后留在武汉，成为中部战区陆军某舟桥旅一名军人。那时两人还正在谈恋爱，女朋友随后也来到武汉，应聘成为武汉大学中南医院的护士。

新婚第一年，小两口原本打算回老家过春节，但突如其来的疫情中断了他们的回家路。"疫情就是命令！危急时刻，我们更要挺身向前！"董波说，军人以服从命令为天职。而他的妻子也主动报名，留在了抗击疫情的最前线。

中南医院是武汉疫情最严重的医院之一，董波每天要看到妻子健康平安才放心。"你一定要做好自身防护，注意安全。"视频对话时，董波反复嘱咐她。妻子则鼓励董波："你安心工作，我一切都好，不用担心。"

夫妻俩已经一个月没有见面了，董波说，因为抗击疫情错过了正月初六妻子的生日，等疫情结束，回家后的第一件事就是给她补过生日。

（记者　汪洋；通讯员　张贤武、洪培舒）

运力支援队群像

王立勇

临时改变路线
让医护人员吃上了汤圆

王立勇是航空兵某师场站参谋长，也是第一批到武汉市定点救治医院运送物资的官兵之一。该部前来参加任务的 10 名官兵，大多参加过汶川和玉树抗震救灾、抗击冰雪、2016 年抗洪抢险等行动。火神山医院建成后，负责运送设备和人员的 8 架空军大型运输机，就来自王立勇所在的部队。他们早就为执行保障任务做好了准备。

王立勇向记者介绍，在接到组建抗击疫情运力支援队命令之前，战士们就已经写好了请战书。王立勇和战友们除了每天执行运送生活物资的任务，还多次前往医院执行运送医疗物资的任务，最远的一次是前往新洲区人民医院，往返近 300 公里。

元宵节那天，王立勇和战友们前往肉联厂运送物资，该厂负责人提出想专门送一些汤圆、水饺等物资给同济医院。"前往医院需提前加强防护等级，部队必须做到零感染。"但王立勇和战友们又特别想让医护人员能在元宵节吃上一碗汤圆，于是向指挥所汇报，并与同济医院协调后，他们获准临时改变路线。

王立勇和战友们拉着一满车的汤圆、水饺、金针菇、馒头等物资，及时送到了同济医院，医院那边也早早备好了消毒设备，为王立勇和战友们做了消毒。卸完元宵物资，王立勇和战友们感到内心非常充实，"医护人员在一线直面患者，他们能吃上我们送的汤圆，我们也高兴"。

周保津

国家有难的时候甘当"逆行者"

2月1日晚，周保津率领陆军勤务学院训练基地选派的官兵赶赴集结地，加入驻鄂部队抗击疫情运力支援队，当晚11时30分就开始执行运送生活物资的任务，最后一台执行完任务的车辆直到次日早上6时30分才回到驻地。

周保津来自陆军勤务学院训练基地，是基地副主任。他告诉记者，受疫情影响，武汉各大商超人手都很紧张，特别缺卸货的工人。周保津和战友们不仅要当驾驶员，也要当装卸工。

"养兵千日，用兵一时。出发之前我跟战友们说，考验我们的时候到了，看大家行动。我会一直跟你们在一起。"周保津说，每个战士都写下了请战书，多次通宵执行任务，没有任何一人抱怨，也无任何一人提出困难。

这个春节，周保津原本打算回襄阳老家陪妻子和孩子过春节，但因为疫情爆发，他和战友们留在了武汉。跟妻子通话时，他嘱咐家人要严防死守，不要外出走动，却没告诉他们自己每天在武汉三镇奔波执行任务。

"我们是人民子弟兵，国家有难的时候，我们就要挺身而出，甘当'逆行者'"，周保津说。

（记者　汪洋；通讯员　何武涛、洪培舒）

人民日报官微@李阳阳：这就是军人的速度！人民子弟兵空降武汉前来支援，相信春天不会太遥远。

人民日报官微@大米：出发！向武汉集结！什么是中国军人？疫情面前，一幅幅奔赴一线的动人画面给出了答案。

新华网官微@海绵宝宝：人民子弟兵带着一股特有的精气神儿冲在最前面。若有战，召必至！他们义无反顾地在请战书上按下红手印，逆行奔向最危险的战场。

新华网官微@Spring：从上"战场"那一刻开始，他们就争分夺秒、不舍昼夜，展示了中国军人的效率。

长江日报官微@夏麦：正如有的网友所说，看到"军"字，就放心了。你们就像一把大伞，保护着百姓的安危。你们把危险挡在身前，一批一批，为爱接力。

八方驰援：
共克时疫

疫情告急，武汉不是孤岛，一方有难，八方支援。全国各地的医疗队纷纷组成"精锐部队"，他们以作战"兵团"的形式，从四面八方奔赴武汉，火线增援。

千里驰援，谢谢你们

2万名白衣"战士"驰援武汉

　　武汉抗击疫情，不是孤军作战。从 2020 年 1 月 23 日起，来自全国各地的医护人员，有的取消了家庭旅行，有的来不及吃上年夜饭，有的不顾亲友阻拦主动请缨，义无反顾踏上征程，奔赴武汉救护前线。

　　从除夕夜到 2 月 15 日，短短 23 天，由国家、地方、部队等各级各类医院派出的 203 支医疗队、25424 名医疗队员，驰援江城。全国援鄂医疗调动大大超过 2008 年汶川特大地震国家派出规模和数量。

　　"北协和、南湘雅、东齐鲁、西华西"，四大"王炸"天团来了；对口支援湖北黄石的 13 支江苏省医疗队，甚至有来自县城的整编团队，被网友称为"散装江苏""苏大强"；"一省包一市"的支援方式启动后，各地医疗队纷纷响应。

　　"我们不要感谢，我们只希望你们平安。这也是我们来的价值。"各地援汉医疗队队员奔着急难险重的任务去，重症监护病房是被选择最多的地方。

　　他们的驰援，传递了全国团结一心、共克时艰的暖心力量，必会释放出战胜疫情的强大合力。目睹外地医疗队在机场会师一幕的网友说，"中国医疗界最顶尖的'王炸'带上各省份的天团会师武汉，中国必胜！"

"最难的时候有你并肩作战，等到口罩摘下的那一天，让我看见你的微笑，让我们一起分享胜利的喜悦"，武汉的医护人员这样向战友们说。

"四大天团"武汉会师，
网友：王炸！

集合完毕准备投入战斗的北京协和医疗队（北京协和抗疫一线医务人员 供图）

2月7日，山东大学齐鲁医院和四川大学华西医院的两支医疗援助队在武汉天河机场巧遇，双方隔空加油，相互鼓励，这段视频感动了无数网友。他乡遇故

知，这声"加油"来历不小。抗战时期两家医学院曾联合办学办医，这一次，他们将共同接管武汉大学人民医院东院区。

7日当天，北京协和医院、中南大学湘雅医院支援武汉的医疗队也相继抵达！因而有网友喊出："北协和、南湘雅、东齐鲁、西华西，中国医疗界最顶尖的'王炸'带上各省份的天团会师武汉！定能战胜疫情、平安凯旋！"

"四大天团"之一的中南大学湘雅医院在一个半小时内组建起一支由30名医生和100名护士组成的国家医疗队北上武汉援鄂。"这是我院历史上外出执行援助任务规模最大、规格最高的一支医疗队。"湘雅医院医疗队员以感染病科、呼吸科、重症医学科为主，相关学科为辅。既有资深专家教授，也有年富力强的青年医护工作者，值得一提的是，队伍中有不少队员还参加过援塞抗击埃博拉疫情等大型公共卫生应急救援。

接到援鄂抗疫任务后，为了防护需要，湘雅医院医疗队员在出征前都做了同一件事：理发。男医生剃光头发，女护士剪成短发。该院心内科护士邓桂元援非抗击埃博拉曾经剪过短发，这次特意让爱人帮忙剪发。"希望这次能像抗击埃博拉一样，实现打胜仗、零感染、全治愈"，她说。

刚抵达武汉天河机场
的全国各地医疗队
（詹松 摄）

华西医院先后已有3支医疗援助队抵达武汉，总人数近200人，医院享誉全国的重症医学相关科室中坚力量已全部来汉。

2月9日从凌晨到晚上24时，天河机场共迎接来自全国各地的40余架次医疗队航班、共计5000余名医疗队员，是疫情发生以来天河机场迎接医疗队人数最多的一天。"武汉加油、中国加油"的声音响彻在每支驰援医疗队的航班上。

截至2月9日，国家卫健委累计从全国调派11921名医护人员驰援湖北。

来了就要干最重的活，
重症监护病房是被选择最多的地方

"我们不要感谢，我们只希望你们平安。这也是我们来的价值。"记者梳理发现，援汉医疗队员都奔着急难险重的任务去，重症监护病房是被选择最多的地方。

第一个24小时，完成人员物资集结并到达武汉市经济开发区；第二个24小时，临时党总支成立，党员54人，完成相关培训，熟悉环境，与武汉医护人员对接融合，指导病房按传染病隔离的要求，完成改造；第三个24小时，管理协和医院西院12楼病房。靠着3个

外地驰援医疗队抵达
天河机场（詹松 摄）

24 小时，北京医疗队 136 名队员，肩负起协和医院西院近百名重症患者的生命。

"今天是来汉第八天。"北京医疗队领队、北京市医院管理中心医疗护理处副处长刘立飞 2 月 4 日说，北京市属医院援鄂医疗队由 14 个单位 136 名人员组成，队员主要来源于北京市属的朝阳医院、宣武医院、友谊医院、天坛医院等 12 家三甲医院的重症医学、呼吸道、院感、急诊等领域的医生护士。

"我参加过抗击非典，我肯定得去。"北京市朝阳医院呼吸科是国家重点专科，该院急诊 ICU 主任唐子人教授已年过 50 岁，主动请缨。

辽宁省医疗队重症组组长、沈阳市第四人民医院重症医学科主任冯伟，持续在蔡甸区人民医院重症监护病房一线工作，隔离防护服穿上身就是一整天或一通宵。

医护人员们为了减少或避免去洗手间，都在尽量减少喝水，饮食尽量吃些扛饿又能补充体力的食品。

在天津医疗队支援的武钢二医院，一位重症患者醒过来后，听到医护人员的北方口音，激动得涌出泪水。"国家派医疗队来武汉了，我们有希望了。"

"所有援汉医护人员都在全力以赴，承担最急最重的任务。"陕西省医疗队重症组 60 名队员，来自陕西省三甲医院重症监护病房，1 月 30 日进驻武汉，全面承担市九医院重症监护病房的工作。

汗水湿透头发流到鞋底，
只为多救一个人

2月4日，从隔离病房退出来，上海首批援鄂医疗队队员许虹感慨："我的短靴里，全部被汗水湿透了！"穿上防护服进病房，一进去就是好几个小时，许虹脱下防护服那一刻，就像脱下一件雨衣，只不过水是从内侧流淌到鞋子里。

39岁的许虹是上海市第十人民医院的护师，有丰

刚下飞机的驰援医疗队队员（詹松 摄）

富的呼吸科、重症监护室护理经验。这次来到武汉市金银潭医院参与救援，她是病区的责任组组长之一。

当天，从早上7时到下午3时，许虹没喝过一口水。既为了节约医疗物资，不想脱下防护服，也是因为"忙起来根本不觉得渴和饿"，体内水分则早已化成汗水。许虹说，进病区没多久，防护服里层的护士服全部湿透，浑身黏糊糊的，护目镜上一层雾气。

"雾气很麻烦，护士会看不清血管，无法进行抽血化验等工作。"别的护士遇到打不进的留置针，许虹自己来。许虹说："今天运气好，都是'一针见血'。"

在病房里，许虹主动安慰清醒的病人，问他们想不想吃东西，要不要喝水，还有什么需要。遇到难懂的方言、听不清的话，几乎零距离凑近聆听。

"你用自信、饱满的话语去鼓励患者，就会提升他们战胜病魔的信心。"许虹说，昨天，隔离病区北三楼有两名患者出院，她和队友们的心情好了很多。

作为江苏医疗队支援江夏区中医院的总负责人，王谦白天在医院摸排情况，到了晚上，还要梳理和安排第二天的工作。"这几天，我基本都是凌晨1时休息"，王谦告诉记者，然而第二天，他仍然"精神抖擞"地出现在队员面前。

医疗队员的家属群里，大家曾共同约定，不管谁从医院出来，都需要在群里报平安。由于工作太晚，王谦根本没时间在群里回信息。在多次联系无果后，王谦的妻子只能通过其他同事了解丈夫的动向。

辽宁医疗队的口号是："一起拼，一起赢，一起回。"医疗队员们表示，和武汉的战友一起努力，救治重症和极危重症患者，尽最大努力把病死率降到最低。

（记者　刘睿彻、刘晨玮、王建兵、关晓锋、李冀、柯美学、王恺凝、毛茵、章鸽、史强、谭德磊、蔡爽；通讯员　高萍芳、李洁、张春红、陈林、吴芬、耿湘、赵林、刘颖栗、刘昱）

从"四大天团"到"散装江苏"，团结就是力量

连日来，几则支援湖北的消息持续刷屏。

一是 2 月 7 日，山东大学齐鲁学院和四川大学华西学院的医疗援助队在武汉天河机场相遇，双方隔空喊话相互致意，网友说，"北协和、南湘雅、东齐鲁、西华西"四大"王炸"天团都来了，武汉必胜，中国必胜。

二是"散装江苏"的段子登上热搜，按照"一省包一市"的部署，江苏对口支援湖北黄石，江苏省 13 支医疗队各自出发，有的直接报市名，甚至还有的直接报县名。

作为一名湖北人，刷到这些信息，我非常感动，也更有了战胜疫情的信心。"四大天团"代表了我国顶尖的医疗力量，他们齐聚武汉，意味着全国各地都用了各自的"王炸"来支援武汉。我想起前几天山东寿光给武汉捐赠 350 吨蔬菜的新闻，寿光人宁愿自己吃库存蔬菜，也要把新鲜蔬菜捐赠给湖北。这正是现代版的"岂曰无衣，与子同袍"。

有人说，"散装江苏"的段子中，就连小县城都倾囊而出，可以看出这次疫情的严重性。但我看到更多的是力量和信心。表面上看是"散装江苏"，实际上表明

江苏的一个市甚至一个县，都有当主力的实力和愿望。在此次疫情防控中，江苏各地都在积极响应，继江苏省1月24日启动突发公共卫生事件一级响应后，下辖13个设区市也于26日陆续跟进启动一级响应。"散装江苏"的背后既是全国一盘棋的大局意识，也是自身战斗力的体现。这样的"散装江苏"，难怪会被网友称为可靠的"苏大强"。

除了四大"王炸"天团和"散装江苏"，还有来自四面八方的力量正在驰援湖北。尤其是自"一省包一市"的支援方式启动以来，各地纷纷响应，千里驰援。2月9日，武汉迎来了当日抵鄂医疗队人数最多的一天，这一天，武汉天河机场共迎接了40余架次医疗队航班5000余名医疗队员。湖北尤其是武汉是全国疫情防控的重中之重，随着疫情发展，湖北的医疗物资和医疗人员存在较大缺口，这些驰援而来的医疗力量将有力缓解这一局面，为战"疫"打出"最强助攻"。

前几天，有一幅全国美食为生病的武汉热干面加油的漫画作品悄然走红，传递了全国团结一心共克时艰的暖心力量。当下，漫画里的情节正在现实中上演，必会释放出战胜疫情的强大合力，摘下口罩的那一天应该不会太远。

（记者 华智超）

驰援医疗队群像

广州援汉医疗队

17 年前赴小汤山，17 年后再请战

"我们是 2003 年奉命赴北京小汤山抗击非典南方医院医疗队队员，当年为全国抗击非典作出了应有的贡献，同时做到了医务人员'零感染'。17 年后的今天，当全国人民正面对新型冠状病毒的肆虐，作为一支有丰富经验、战胜过非典的英雄集体，我们更是责无旁贷！我们特此向院党委请战，愿为战胜新冠肺炎疫情，随时听候调令，我们小汤山全体队员都义无反顾、奔赴一线作出我们应有的贡献。在此，我们积极请战：若有战，召必回，战必胜！"

1 月 23 日，一封特殊的请战书，在网络上传开。这是盖满 24 个红手印的请战书。马佳、刘飞、王从容、王晓艳……名字上的红手印都代表着每一位医护人员义无反顾的决心。

17 年前，这支曾赴小汤山的医疗队伍，在当年全国抗击非典时作出了应有的贡献！今天，"若有战，召

必回，战必胜”，他们再次请缨，奔赴一线，感动国人。

（记者　杨佳峰）

无锡援汉医生

憋尿嘴唇干燥　背痒也不能抓

"王主任，今天我们查房看一组病人。""好的"……3 个小时过去了，查房还在进行中……"一组病人有多少位？""60……""我看了看还没看的 20 张床，继续憋了憋尿，舔了舔干燥的嘴唇，后背有点痒，穿了编织袋一样的防护服也不能抓……"这是江苏无锡驰援湖北医疗队第一批医务人员王洵 2 月 1 日的工作状态。"今天实在太忙了，跟你连线这会儿，我正准备去吃今天第一顿饭。"记者看了一下时间，已经是下午 5 时 50 分。

王洵今年 37 岁，她是年轻的医学博士、无锡二院呼吸与危重症医学科主任助理、副主任医师，2008 年曾在成都参与过地震伤员的转运救治。她是江苏无锡驰援湖北医疗队 1 月 25 日晚第一批到达武汉的 28 位医务人员之一，援助对象是武汉市江夏区第一人民医院和江夏区中医医院。

1 月 23 日晚 8 时多，结束一天加班的王洵刚回到家就看到了科室主任在微信工作群发的消息，需要招募医护人员去武汉，她和同事毫不犹豫报名了。"我一直在发热门诊参与日常工作，2003 年抗击非典疫情的时候，我正在读大三，对此印象深刻。"王洵告诉记者："我家一家三代从医，母亲、外婆、奶奶都是医生。非典第二年选择报考呼吸专业研究生时，母亲曾意味深长地说，如果不幸再来个非典，就靠你们这一代了。"

除夕夜正好是王洵母亲的七十大寿，她报名参加医疗队去武汉事先也没有和家里人商量。"我们科里面的党员基本上全部都报名了。时间比较紧张，相信家人都会支持我参加"，王洵说。

"和 27 隔离病区的武汉医生护士们会合了，他们非常辛苦，吃住在医院，没有休息，自加热米饭堆满了值班室……"这是王洵在朋友圈里记录隔离病房工作的一条微信。王洵说，和她并肩战斗的是江夏区第一人民医院隔离病区的王主任，他已经在医院住了 20 多天了。新的隔离病房是大年廿九刚组建的。当天就收了许多病人，医护人员每天可能只能睡三四个小时。

"可爱的我的武汉的病人。"王洵 2 月 1 日的朋友圈照片很清晰，她说，因为照片是一位患者用自己的手机拍的，没有套塑料袋。病人快要康复了，他们加了微信一起竖起大拇指拍照。

王洵还谈到一个小细节，说她去查房，有的病人看到医生来了，赶紧把口罩拉严实拉好，这个举动让她很感动。"我的病人生怕自己口罩没带好，把医生护士传染了，事实上我们有防护服，口罩戴得比她严实多了。"

王洵说，武汉市民也非常可爱。刚到武汉，就感受到武汉市民的热情。刚到的时候是大半夜，大包小包的行李，还下着雨，公交司机大姐二话不说就帮他们搬东西，还净挑重的搬，大姐说："武汉特别感谢你们来。"

"医疗队所在酒店门口堆了一大堆水果，只留下祝福，却没有留下姓名，这么可爱的武汉人，肯定会挺过去的"，王洵在朋友圈写道。

（记者 章鸽；通讯员 张春红）

广东医疗队专家
10 分钟收拾完行李来汉

1 月 29 日晚 11 时，武汉市汉口医院呼吸科 6 病区收进来一位 78 岁的老人，发烧、神志不清、心率已经跳到 94 次/分。老人妻子介绍，他患有高血压、脑梗塞、肾功能不全等并发症，情况十分危急。

"上高流量吸氧，药物退热，静滴激素和丙种球蛋白！"隔离病房里，医生周宇麒快速下达指令，和同事一起抢救。过了一两个小时，老爷子烧退了，老伴儿感激不已："医生啊，要不是你，我们家老头子就过去了！"

　　周宇麒是中山大学附属第三医院大内科、呼吸专科副主任，是广东省援助湖北医疗队的专家之一。他参与过抗击非典、汶川地震等多次医疗援助，经验丰富。大年三十，他第一时间报名来汉支援，10分钟就收拾完行李奔赴火车站。

　　周宇麒团队每人分管呼吸科6病区的20个病人。"上岗"第一天，他就带头进隔离病房。"这个时候同事们希望看见我和他们共进退，这是有助于鼓舞士气的"，周宇麒说，每个班都必定亲自到病房治疗，和护士一起查房，了解病人最新情况，为患者答疑解惑，让患者感受到"医生和我们站在一起"。

　　6病区的病人以重症和危重症病人为主，部分病人难免流露出消极情绪。一位阿姨病情较重，看到病房里有病人去世，感觉自己也没有希望，要放弃治疗。周宇麒和护士连忙上前安慰鼓励："每个人的情况不一样，积极乐观的心态也有助于治疗哦。"阿姨听后恢复了治疗的信心。

　　周宇麒说，作为医生，将会和武汉的同行们一起，战斗到抗疫胜利。

（记者　黄琪）

青年援汉医疗队员
竞相提交入党申请

1月28日晚，在汉口医院附近的一家宾馆，广东援助湖北医疗队在此召开临时党委会议。中山大学孙逸仙纪念医院呼吸内科陈茗副教授、血液内科梁玉婵护师、呼吸内科宋菊花护师向党委递交了入党申请书。

在1月30日的第二次临时党委会议上，又有几名成员递交了入党申请。临时党委书记、广东省卫健委宣教中心主任易学峰说："这群孩子让人敬佩，面对凶险的病毒毫不畏惧。"

易学峰称呼医疗队成员为"孩子"，并不夸张。广东省第一批援助湖北医疗队的130名成员中，35岁以下的青年医护人员有66人，超过一半。

在气温只有个位数的武汉，从小生活在广东的陈林叶主管护师并不适应。来汉第二天，她开始拉肚子。除夕那晚，陈林叶向中山大学孙逸仙纪念医院报名赴武汉支援，母亲哭着不让她去，藏起了她的行李箱，"好不容易休假回家团圆，哪有说走就走的，还是去危险的地方！"陈林叶家在广东省揭阳市惠来县，4小时后就要在400公里外的广州与同事会合，她来不及解释，也抢不回行李，匆忙拿了一个红色塑料袋，随手装了些生活用品便出了门。这只红色塑料袋，一路跟随她从揭阳来到武汉。

中山大学附属第三医院内科 ICU 护士、"90 后"朱海秀在汉口医院支援。1 月 29 日，因为繁忙，她给一位女患者换药迟了些，女患者的丈夫问："政府不是派了人手过来支援吗？"朱海秀回答："我们就是政府派过来的，从广东过来的队伍。"男人迟疑了一会儿，说："辛苦你们了，谢谢你们从那么远过来帮助我们。"男人个子很高，朱海秀抬头瞥了一眼，只见泪水在男人眼眶里打转。"这是我们医护人员该做的，国家危难，我们应当冲在前头，不论是哪里过来的医护人员，都只有一个信念，希望你们平平安安。"

为发挥党组织在援助湖北应对疫情工作中的保障作用，来汉前，广东医疗队成立了临时党支部。团队成员郭亚兵、王吉文等多位专家曾在 2003 年参加过抗击非典。来汉两天，临时党支部便升级为临时党委。

（记者 黄琪）

上海医疗队

把精细化管理"搬"到武汉

"目前，我们接管金银潭医院北二区和北三区，接收转院进来的第一批 58 名重症患者。"

1月30日晚，上海援鄂防疫首批医疗队队长郑军华，接受记者采访。郑军华说，1月27日，李克强总理来到武汉市金银潭医院，他代表上海医疗队向总理汇报了一线工作。

上海援鄂首批医疗队是第一支到达武汉的医疗队，队长是上海市第一医院副院长郑军华。

这支医疗队有135人，其中38名医生，93名专业护士，其余是后勤联络保障人员。1月25日，大年初一，他们从上海出发，当天下午到了武汉。

第二天，郑军华和队里两位专家一起，来到金银潭医院"摸底"对接，了解一线情况，为整个医疗队制定作战任务。这两名专家，一位是上海市第一医院呼吸与危重症医学科医师组组长周新，另一位是上海市瑞金医院重症医学科主任陈德昌。

"到了金银潭医院后，觉得疫情有些严重，可以看出这个医院做出了很大牺牲"，郑军华说，金银潭医院所有住院病区全部住满。

经过协调，金银潭医院再清空一幢楼，组建新病房，将4楼和5楼两层交给上海医疗队接管。这两个新的隔离病区，只有基本医疗设置，呼吸机、监护仪、ECMO有待补充。

郑军华介绍，这两个病区有38个病房，他们医疗队满负荷运转，可同时接诊70多名重症患者。周新说，相比于当年迎战非典，现在的条件好多了，各种保障都比过去要好一些。

"我们是来救治患者的，不但要救人，还要实现医护人员零感染。"郑军华这样要求队员。

郑军华与周新、陈德昌两位专家一起，立即开展"战时培训"。专家要求，虽然战场不同，但要做到精细化管理，把一整套操作规范全质量管理的理念，不折不扣地"搬"到武汉，"在家乡怎么做的，在武汉也要怎么做"。

第一批新冠肺炎病人很快被收进了北二区和北三区，交给了上海医疗队，共58名，其中30名为确诊中轻症患者，28名是重症。所有重症病人，双方都做到了一对一交接。

郑军华将医疗队人员分为6组，每个病区3组，每6小时轮班，"等后续人员充足后，再4小时一班"。

（记者　柯美学）

荆州援汉医生

这是最特别的年夜饭

"王教授快来吃年夜饭！"1月24日下午5时20分，从荆州市中心医院驰援武汉的王冰教授才回到科室。从全国各地寄来的蛋糕、水果成了他今年的"年夜饭"。

24 日一早，王冰就投入紧张的工作中，中午 12 时下班，因担心负责的 7 个病人病情不稳定，下午他主动放弃休息，也错过了远在荆州的家人团年"视频"。

"家里 3 点多钟团的年，我没有接到视频电话，家人就发了图片给我"，王冰说，家人的年饭很丰盛，但他的年饭也不差，很特别。

"蛋糕、水果，还有水饺，怎么样，不错吧！"王冰指着桌上一盒一盒的食品说，这些都是全国各地的热心朋友寄过来的。第一次在外地独自过年，第一次吃这样的年饭，但能和并肩奋战的医护人员一起团聚，王冰觉得很暖心，"晚点把手上的事忙完了，再跟家人视频"。

（记者　杨蔚）

"在线问诊"的医生
多派一些咨询任务给我们！

"已经没有大碍了，感谢医护专家的回复。"看到"在线问诊"网民的点评，广西中医药大学第一附属医院院长谢胜放下了心。

自 2 月 6 日加入武汉"在线问诊"平台以来，谢胜带领 40 名医生为 289 名患者在线提供咨询诊断、用药指导。

疫情出现后，广西中医药大学第一附属医院1月20日制订了疫情防治方案。后来看到武汉的疫情形势非常严峻，谢胜心急如焚。

2月6日，谢胜在朋友圈看到长江日报发布邀请全国医生的信息，迅速召集医院中医治未病中心及健康管理中心商议，组成了一支40名医生的团队。

"13岁女孩，今天有感冒症状，头疼，胃有点不舒服，量体温37.1℃，请问是普通感冒吗？"

针对这位患者的症状，谢胜拟了一副中药方子，并告知如有特殊情况可以联系团队健康管理中心医生，留下联系方式便于跟踪病情。

"有的病人有补充问题或病情有新变化，我就跟他们通过微信一步步问诊、答疑，今天基本没停过。"谢胜说。

该院中医治未病中心主任刘倩告诉记者，2月6日，谢胜在"在线问诊"平台注册成功后，当晚在网上就为50位患者进行了咨询服务。

当日，她在家发起了视频会议，召集了第一批20名包括中医治未病中心、脾胃病科、中医健康管理中心和急诊科等不同科室的医生加入，并将团队分为儿童组、家庭组和运动组。针对不同的问诊人群，由医生轮班值守，进行线上答疑。

刘倩认为，非常时期，应早发现、早治疗，通过在线问诊的方式，避免去医院引起交叉感染的风险，还可以让医生给出科学判断和建议。

"希望能为武汉市民提供力所能及的帮助，请求多派一些咨询任务给我们团队"，谢胜表示，医护人员一定会尽全力为武汉市民提供帮助。

2月5日，武汉市新冠肺炎疫情防控指挥部开通"在线问诊"官方平台，依托长江网搭建和运行，邀全国各地医生志愿者加入，截至2月9日，来自全国的911位医生，加入"在线问诊"，共同为打赢疫情防控阻击战出力。

（记者　齐云、吴文静）

人民日报官微 @ 容城：武汉"封城"，但他们却义无反顾地奔赴武汉，到"风暴中心"去。当天职降临，他们血液里涌现着"我不上阵谁上阵"的豪迈。

　　人民日报官微 @ 岭南小菊："若有战，召必回，战必胜！"愿逆风而行的你们，卸下武装，平安归来！

　　人民日报官微 @kuku：虽然看不见你们的面容，但是记住了你们的身影。待春暖花开，疫情消散，相约武汉街头，再赏芳华满天。

　　新华网官微 @ 黄熙：一句"医疗队来了"，是意味着比金子还珍贵的信心。只要祖国有需要，我随时可以出发。

基建"狂魔":
中国速度

60 秒看火神山医院 9
天 9 夜热血鏖战

7500人鏖战不休，九日建成火神山医院

2020年2月2日，武汉火神山医院建成，完成军地交接。2月4日上午开始接收新冠肺炎确诊患者，投用10天收治病患已逾千人。火速建成的火神山医院，开始履行它的使命。

总建筑面积6万平方米，其中，新建隔离区3.4万平方米，1000个病床，7500人连续奋战9天9夜。

热血九日的背后，是一幅英雄群像。

原北京小汤山非典医院院长张雁灵寄语：武汉也与当年的"小汤山"一样在创造奇迹，这里将出现"火神山精神"。

这里被外界称为"宇宙最拼工地"，进度不是以天计，而是以小时甚至以分钟计。"中国速度"令外国网友惊叹。

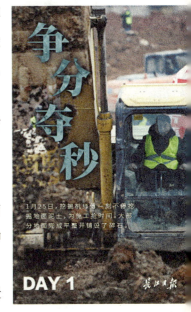

争分夺秒

1月25日，挖掘机停停一刻不停挖掘地面泥土，为施工抢时间，大部分地面完成平整并铺设了碎石。

DAY 1

长江日报

疫情就是命令，正当春节，精锐之师向武汉集结

疫情就是命令！这个春节，武汉要打一场硬仗。

步步为营

1月26日，部分地面已经找平，施工工人正在铺设钢筋、防渗层、铺砂、地下管网布槽……多部位同步穿插施工，集装箱板房材料陆续进场。

DAY 2

同心协力

1月27日消息，工人们已经开始为铺设防疫营准备，施工现场迎来首批箱式集装箱板房吊装搭建，进度神速。

DAY 3

1月23日，除夕前一天，武汉市城建局组建成立火神山医院建设现场指挥部，调度由中信建筑设计院、中建三局、武汉建工、武汉航发、汉阳市政等单位组成的精锐设计施工团队，抢建火神山医院。

设备、物资、材料、人员火速向火神山集结。

除夕夜，上百台挖掘机抵达现场，上千人鏖战，通宵进行场平。仅7天时间，各专业管理人员、工人达到7000人。

曾是400多米高的武汉中心大厦项目副经理、武汉梦时代项目经理的刘双桥今年51岁，这次作为中建三局火神山医院项目现场施工组织协调负责人。当得知企业要建设武汉应急医院的消息，他大年三十就赶到现场，"我们有很多同志纷纷请战上一线，很多人克服重重阻力，从陕西、甘肃甚至贵州赶来参战"。

"几千人施工，需要协调的事太多，每天要接几百个电话。"刘双桥说，为了与时间赛跑，甚至跑在时间前面，很多工人困了就在车上窝一晚，或者在工地就地躺卧，饿了就啃一口馒头、面包。他说："这是男人的担当，我把他们定义为'新时代最可爱的人'。"

据悉，一个火神山工地就集结了上百位中国优秀的项目经理，武汉建工集团此次专门调集多名获得过"鲁班奖"的项目经理参与建设。

刘双桥说，虽然正值春节放假，与企业长期合作的分包单位、劳务队伍也号召工人们支援武汉，已返乡的工人也积极响应，从全国四面八方包车赶来。"材料组织异常困难，我们采取超常规的办法，设计院在设计时，我们就向厂家订货，设计院的图纸一出来，我们就交给厂家生产，最远有从内蒙古，还有河北、山东、江西运来的材料物资。"

大批党员带头冲锋，20 余支党员先锋队旗帜高高飘扬在火神山工地上。连续数日，记者在现场被热血的氛围所感染。高峰时，500 余台机械设备来回穿梭，地上，挖掘机、铲车奋力整平，挖掘机司机高喊着"快、快！"空中，长臂吊车吊起一个个集装箱缓缓落下，工人们合力调整归位。集装箱板房上下、内外，雨水调蓄池 12 米深基坑内，到处都是忙碌的身影。

武汉航发集团的老党员陈豹身体疲倦到了极限，一次施工时，他视线模糊不小心掉进了 1 米多深的泥坑里，衣服大半身都湿透了，他却自己爬起来笑一笑，换身衣装继续战斗。

"无名高地"上的英雄们，托起一片"安全岛"

央视、长江日报开通 24 小时直播武汉火神山建设

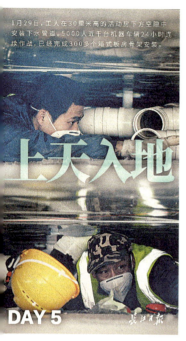

1月29日，工人在30厘米高的活动房下方空隙中安装下水管道。5000人近千台机器车辆24小时连续作战，已经完成300多个箱式板房骨架安装。

上天入地

DAY 5

长江日报

实景，引来全国人民关注，数千万人观看。"云监工"的网友们表示"以后可以拍着胸脯骄傲地说'火神山是我们看着建起来的'"。

黑夜如同白天的火神山工地上，建设者鏖战不休。这里面有夫妻、有兄弟、有妯娌，甚至有一家四口、一家五兄弟全上阵。

奇迹的创造者，是一个又一个朴实的劳动者，是一个又一个无名英雄。

得知火神山医院建设缺施工人员，钢筋工石腊英一家四口大年初三从洪湖开车赶到武汉。这一家子都是钢筋工，爸爸廖明祥、妈妈石腊英还有廖伟、廖凯兄弟俩，一直在中建三局二公司华中公司的项目上工作。年前廖凯的妻子刚生下女儿，一家人在老家洪湖过年，得知公司发起建设火神山医院的号召，年近六旬的石腊英有点待不住了，"这个时候做工程肯定缺人，都回家过年了。我就想主动请缨全家上阵，贡献一份力量。但是孙女还没满月，需要人照顾"。石腊英把自己的想法和儿媳妇一说，媳妇说："妈，你们想去就去嘛。那么多人捐钱，我们没有钱，可以出力。"

两个儿子中哥哥廖伟在现场负责后勤保障，"钢筋的绑扎、木工活、杂工混凝土……这么多人，有很多工作要协调"。"武汉三镇都有我们流下的汗水，所以公司一说支援建设我们马上就来了。默默无闻在这里工作的人非常多，不止我们一家。大家都是日夜不停工轮流干，只有一个想法，早一日把医院盖好，早一日抢救病人。"

　　大年三十上午，向志明突然接到了带班老卢的电话，"志明，三局承建火神山医院急缺工人，你们兄弟还没走的话，请来支援我们"！疫情刻不容缓！放下电话，向志明立即和同行的哥哥向志军、弟弟向志超、堂哥向志亮商量，四兄弟当即决定，立刻赶往火神山项目施工现场。到达现场后，都具有设备支架安装经验的四兄弟，组成了项目第一个专职热水器支架安装班组，顾不得吃午饭便投入抢工。

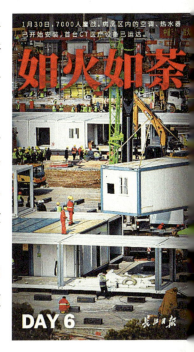

　　直到晚上休息时，向志明才给家里打了第一个报平安的电话。这时，提前回家的堂弟向志兵刚好在家中帮忙，在得知几位兄弟都在火神山项目抢工后，他抢过电话说道："都说打虎亲兄弟，你们几个哥哥都在武汉为国家出力，我又怎么能自己留在家里，明天一早我就过去跟你们会合！"

　　大年初一，向志兵到达火神山项目施工现场，大哥向志军拍了拍他的肩膀说："你来了，兄弟们就聚齐了，一家人一条心，为了武汉早日渡过难关，咱们顶上去！"

　　山西运城小伙儿刘英杰，1月27日下午从山西运

1月31日，箱式板房拼装进入最后冲刺阶段，医技楼、ICU病房骨架已成形。

不舍昼夜

DAY 7

长江日报

2月1日，首批药品运抵火神山医院，工作人员正在将药品转运进仓库。场内所有基础施工基本完成，累计完成箱板房拼装1650套。

整装待发

DAY 8

长江日报

城出发，驱车近 800 公里，于 28 日凌晨抵达火神山医院工地，仅休息了 4 个小时就开始干活，投入集装箱板房的安装中。

28 岁的刘英杰是山西运城闻喜县正阳彩钢公司的员工，得知武汉的疫情以及火神山医院建设急迫，他和同乡一共 8 人赶来支援武汉。刘英杰说，他父亲也是搞建筑的，2008 年汶川地震时，他曾到一线支援救灾。"我家里就是做这个集装箱板房安装的，我比较熟悉，能派上用场。"

中建三局是此次抢建火神山医院战役的主力军，涌现出一大批主动请缨的"逆行者"和热血的建设者。

袁绪强，参与项目图纸算量及智能化施工。1 月 28 日，原本是他与妻子大婚的日子，可他却选择了"逃婚"，提前从荆州老家赶赴现场，参与援建武汉火神山项目。他对妻子说："欠你的婚礼，等我建好火神山医院后补给你！"

蒋桂喜，负责人员体温测量、保安人员安排管理。2020 年春节，已经在工地连续度过 19 个春节的他打算回家团圆，刚回到家便听闻项目建设消息，第一时间请命参加会战。他说："当兵 14 年，我在部队站岗放哨，如今公司打响疫情保卫战，我哨兵蒋桂喜，必上前线！"

杨瑞，年前刚结束远征返汉回家，本打算休假陪妻子坐月子，看护刚出生的孩子。收到项目建设消息，第一时间帮家人协调好月嫂，毅然决然赶到施工现场，参与项目设计工作。

余南山，项目场地平整负责人，从 2016 年春节开始，他先后在武汉地铁 21 号线、大东湖深隧项目加班，再到火神山医院建设，5 个春节都在工地加班度过。他还有另外一个身份，作为中建"隧月"应急救援队的队长，多次带领救援队参加地铁施工应急抢险、隧道工程紧急救援等急难险重的抢险救灾任务，应急经验非常丰富。这次面对疫情，余南山主动请缨，带领 200 余人，仅用时 40 小时就完成了 2.5 万平方米的场地平整工作，为后续施工创造了有利条件。

1 月 23 日晚，身在汕头老家的孙燕芳接到建设火神山医院的消息，紧急联系所需后勤物资，从吃穿住行必需品到疫情防控的每个细节，她沉着应对，第一时间组织资源，分工联系。

1 月 27 日一早，她终于拿到了出城通行证，一路向北。跨越 1280 公里，驾驶 16 小时，"逆行"回汉。

"师傅，吃饭了吗？"现场 1000 多名工人，她的一副亮嗓成了冬日里的阳光，确保搞好所有工人的"饱肚子工程"。

非常时期，施工人员的疫情防控是重中之重。她组织团队每 4 个小时为工人更换口罩，每日对现场、办公

寒夜中的火热施工
（胡冬冬 摄）

区、生活区消毒，兜里揣的都是手套、创可贴、碘酒。

她说："尽自己一点力，守护武汉这座城。"

孟东兵、梅君夫妇，听闻建设火神山医院的消息，他们义无反顾奔赴前线。孟东兵是工地桁吊班长，年初刚做完肺部微创手术，这次毅然冲在最前线；他的妻子梅君，则投入物资筹备以及车辆安排的紧张工作中。

刘星、刘飞兄弟，妻子分别是湖北省人民医院、协和医院的护士。1月23日凌晨，得知建设任务，兄弟俩即刻请缨参建，两人的妻子也一起乘车从老家连夜赶回武汉，奔赴医院援救。兄弟姊娌四人在工地、医院两个战场，共同参与疫情阻击战。

当火神山医院建设缺少安装活动板房的焊工、铆工，急需支援时，中交二航局的劳模、技能大师，中国一冶的电焊工紧急驰援。

短时间内要抢建出3万多平方米高标准建筑，需要大量混凝土，参与抢建任务的中建三局三公司生产经理张旭提前四处联系各家混凝土公司，但是打了一圈电话下来，大都因春节停产，直到他打通武汉睿展工贸公司老板徐承忠的电话。

这家公司成立时间不长且规模不大，让他万万没想到的是，徐承忠说："我们免费提供2000方，我们民企也可以出一份力。"

　　徐承忠于大年初一清早率团队专程到现场查看建设进展，与张旭沟通好需求、时间。当得知项目还需要泵车时，当即表示愿意无偿提供。

　　1月28日上午，他信守承诺，护送装有价值百万元的2000立方米混凝土的泵车到达火神山医院施工现场，用于地基浇筑。

　　八方驰援，涌向"火神山"。

　　火神山医院建设指挥部社会捐赠组工作人员透露，从大年初一开始，他们平均每天要接几百个捐赠电话。众多企业、个人捐赠的材料设施包括水泥、商品混凝土、柴油、紫外线杀毒灯、空调、电视、热水器等；一

抓紧时间小憩的工人
（胡冬冬 摄）

他们有一个共同的名字:"雷神"建设者

名落款为"农民工"的个人通过红十字会向火神山施工单位捐赠了一批雨衣雨鞋。

这是一场抗击疫情的人民战争,托起了一片"安全岛"。

正如张雁灵所说,"火神山"是一块"无名高地",在这里奋战的每一个人都是无名英雄。

(记者 韩玮)

哪有什么基建"狂魔"，其实是一群善良执着的人在默默负重前行

在这次火神山医院建设的采访中，我一直在想：为什么这 7500 人能召之即来，来之能战，战之必胜？

2020 年 1 月 30 日，46 岁的辛红芳与丈夫、弟弟三人一同从湖北红安赶到武汉支援火神山医院建设。丈夫负责吊装安装病房风管，她则帮忙为缝隙处补胶，防止泄漏，"这是个耐心细心活，女同志心细，干这个也合适"。谈及为何来支援武汉，她的回答很朴实："来这里能为武汉做点力所能及的事，比待在家里带孩子强。"

来自洪湖的一家 4 口人都是钢筋工，他们的回答是："默默无闻在这里工作的人非常多，不只我们一家。大家只有一个想法，早一日把医院盖好，早一日抢救病人。"

湖北红安的安装工刘新权的回答是："以前没干过这么急的活，但想着能帮助武汉，为子孙后代造福的事，值得！"

中建三局的安全总监凛然地回

希望医院早日投入使用
早点回家抱抱才
40 多天的小外孙

热血建造者
曾维会
汉阳市政公司临时工

答："苟利国家生死以。"

这是一群明大义、有侠情、有着家国情怀的中国人，这些最平凡的劳动者从来没有让我们失望。

洪水、冰灾、非典、新型冠状病毒……每一次灾难都没有击垮中国人。

现场踏访，因雨后道路泥泞不堪，我穿的球鞋简直没办法下脚，好不容易找施工方借到一双 40 码大套鞋，穿上套鞋，踏着泥泞，深入工地最中心，你才能真正感受到中国基建"狂魔"的强大力量，开挖掘机的司机个个都是硬核！

但你只有深入其中才得以看得更清楚，大家口中所谓的基建"狂魔"，其实不过是一群平凡的善良的执着的人，他们穿上"铠甲"，在所有人的祝福中默默地负重前行。就像在挖掘机中驾驶挖掘机的司机，他们在这些"铁骨铠甲"之内，勇猛操作，奋力向前。

（记者 韩玮）

"方舱医院"：全城日夜赶织的生命之网

人民日报官微 @Sera：这种几乎达到人类极限的高强度工作量还是头一回，不过，此次硬仗，我们同生死，共进退。

人民日报官微 @ 马立克：看着火神山建设的现场图片和视频，我知道老公就在其中的一个角落对接着、指挥着。此刻你真的不只是代表高能，你是你，你是为了武汉，为了医护前线，为了患者，为了国家和人民。你是你儿子最好的榜样，我们以你为傲。

人民日报官微 @Raychelle：这些建设火神山的铁血男儿，是谁的儿子，又是谁的老公，谁的爸爸！我们无从得知，但是我们知道，他们是人民的勇士，为我们建起了爱的港湾。

中国国际电视台推特 CGTNOfficial@JamieWebber：只有中国才能在 9 天内建成容纳 1000 张床位的医院。在澳大利亚，政府需要 25 年时间来做出决定，然后再用 20 年时间来建造，成本会是 50 倍，且最后仅以项目的四分之一完工！中国在国家建设方面的决心和果断总是让我吃惊！

中国国际电视台推特 CGTNOfficial@LiamWood：

这是一个奇妙的建筑壮举，只有中国人，才能在很短的时间内建成这样，在世界其他地方可能不会发生。

美国网络问答社区 Quora@StefanGebhardt：整个国家都为这场战斗做好了准备，无论何时，中国人民总有强大的凝聚力共同抗击疫情，9天建成一座医院就是最好的证明。

美国广播公司 ABCNEWS@JoneLee：一周以前，这里是一片空地。数天之后，医院拔地而起。疫情面前，中国人在与时间赛跑。这考验的不仅是建筑技术，更是危难当前中国人民的韧性与凝聚力。

时代周刊 TIME@Adammclay：我曾是一位中国留学生，对中国很有感情。这次火神山医院的建设，深深地触动了我。9天不舍昼夜的奋战，才筑起了这座生命的港湾。虽然现在远在美国，但是我的心与你们在一起。

基层社区：

守护家园

在武汉疫情防控的战场上，如果医院、隔离点是一线，那么组成网状城市的 1388 个社区、1805 个村落，就是战场的底线。在这分布着 900 万市民的底线上，最基层的社区干部面对压力，用苦干、巧干、实干成为群众情绪的"解压阀"，共同织起离社区居民最近的安全防护网。

"小巷总理"杜云

稳扎稳打，守护底线

  截至 2020 年 1 月 30 日，有着 3846 户居民的龙阳街芳草社区已实现全员排查，11 位发热居民在居家隔离后全部退烧，新增一位发热居民已被送至医院检查待确诊。在汉阳区居民健康情况排查中，这个社区发热病人数量最少，发热病人康复率最高，居民发热新增病例较少，防疫工作成效最显著。

  这是如何做到的？记者连线社区书记杜云，"回想起来，早部署、早防控、防扩散，这些工作对控制疫情非常有效"。

杜云在汉荣苑小区忙碌（金思柳 摄）

早部署、早防控、防扩散

  杜云曾在武汉同济医院当过 3 年护士，实习期间轮岗多个科室，后通过进修，在社区卫生服务中心又当了8年全科医生。"我知道，面对疾病要用科学的方式来对待。"

从1月21日起，芳草社区就进入防疫状态，社区集中消杀、免费向居民发放口罩并现场教学如何正确佩戴，社区老年人活动中心等场所全部关闭，连在小区广场晒太阳的居民都被劝回了家。"因为防疫工作做得早，我们社区很早就没什么人在外面走了，居民防控意识都非常好。"

然而，社区里的消毒水、口罩，眼看着都供给不足。1月25日大年初一，杜云四处打电话买到2000只口罩，又开车去黄陂找了很多药店、卫生服务站、小诊所，买到十几瓶84消毒液，凌晨00:40才回到市中心。

看到社区有了防护措施，工作人员的心也平静下来了。大年初一、初二两天，社区开始对3846户居民进行拉网式排查，发现了11位发热居民。

不慌乱、勤摸排、医疗咨询网上办

排查出了发热居民，杜云的医学专业背景派上了用场。她一个个打电话嘱咐："每年这个时候都是感冒高发季节，头疼脑热也很正常，不一定是感染了新型冠状病毒。有药先在家里吃一点，如果因为恐慌都跑到医院去看病，医院根本忙不过来，还容易交叉感染。"

截至 28 日晚，社区排查出来的 11 个发热居民都退了烧。因为一直在动态摸排，30 日新增了一位发热居民，社区迅速上报给街道，下午就把老人送到了医院，做完了肺部 CT 正在等待结果。

为了让居民们心中不慌，杜云还特别建了个"芳草社区医疗咨询群"，群里有 4 位拥有医师、药师执业资格的专业人士随时回复居民的咨询，另有一位工作人员在收集医药用品采购需求并统一购回送上门，放在门口请居民自取。

杜云还为 6 位工作人员排了班，两人一组轮岗值夜班，值完夜班可以回家休息一天。"口罩、防护服、酒精，给物业公司、社区都配齐"，杜云说，这是持久战，可不能病毒没跑，自己先倒。

隔离病毒不隔离感情，
心理疏导抚慰居民

为隔离病毒，芳草社区做了细致的安排。社区工作人员上门，都严格按照非接触的方式，敲完门后站一米远讲话。辖区内汉荣苑小区也在 31 日封闭了两处门岗，仅留一个门岗供人、车通行。一方面禁止访客、外卖、快递等外来人员进入小区；另一方面由社区和物业公司做"二传手"，解决居民外卖、送餐的需求。

WUHAN ZHAN YI
ZUIMEI XIXIAN YINGXIONG

31 日，杜云还多了一项新工作：号召大家在居民群里拉拉家常、侃侃天，还可以晒自己的一天，做菜的、做手工的、跳舞的，都可以。她说，现在大家都在家里憋太久了，需要及时进行心理疏导，下一步，她还准备组织居民"在群里发点小视频，唱唱歌，热闹一下"。

看到社区工作人员连轴转还忙着在群里抚慰大家，居民们纷纷留言："不消极，不传讹，不焦虑，不抱怨，不当键盘侠！"

（记者　肖娟；通讯员　李云、张艺婧）

社区书记都有一颗强大的"心"

杜云所工作的汉阳区龙阳街芳草社区，在此次战役中，确实可以说是一片"芳草"：居民情况摸得清楚，做事很有章法。1月22日就在全社区做了全面消杀，1月30日之前已帮助了12位发热居民就医及居家隔离，2月5日之前3位确诊患者已经入院，2月9日就将确诊患者、疑似患者、发热患者、密切接触者"四类人员"全部隔离。

事后复盘，这个节奏，正是武汉防疫战里最需要的科学、理性、有序的节奏。属于跑在病毒前面，而不是被病毒追着跑。住在这个社区的居民，面对的困难和恐慌是一样的，但有一个给力的社区提供保障，他们会觉得自己的安全感、幸福感会高很多。

能打好防疫战的社区，一定有一个责任心强且干事能力强的社区书记，就像一个家有一个好的当家人，就像居民夸杜云："有责任心，有头脑，有能力，有爱心，就能把事情办好！"

在这场和病毒的遭遇战中，杜云有勇有谋。她一个人开车去黄陂买物资，突破困难才回到武汉；她发动物业、党员、网格员、楼栋长，组织一切能组织的力量服务群众；她也遇到过"难搞"的居民，没有明显症状却坚持要去隔离点，每天找社区提要求，"没法理性沟通，气得我手发抖"，不过第二天，该干的事情还是继续干，"我心大，睡一觉什么都好了"。

杜云当过同济医院的护士，也干过 8 年的社区医生，整个人的风格，就是比较沉着、冷静。她说，之前在医院外科当护士，看过太多血腥画面和生死离别，心理素质是很强大的，后来做社区医生，也给无数个居民看病，同他们打交道，"当社区医生时，说什么病人听什么，但当了社区书记，居民可没那么好说话了"。

可是，杜云还是喜欢当社区书记。一方面，是因为做社区医生责任太大，心理压力不小，她所在的社区卫生服务中心因为拆迁取消了，她就没有再干了；另一方面，父亲当了 40 年的村支书，在这样的家庭氛围中长大，杜云特别喜欢做群众工作，觉得很光荣。

当上芳草社区书记一年多，她感觉自己非常有成就感：把小区里的泥巴地整成了社区大舞台和文化长廊，在空置的架空层建起室内活动室，居民的生活环境实实在在得到了改善。

"社区虽小，责任很重；社区虽小，舞台很大；社区虽小，要求很高"，这是写在芳草社区百姓大舞台墙上的话。"党群一家亲，服务聚人心"，十个大字，把杜云的工作方法写得明明白白。

（记者　肖娟）

人民日报官微 @ 芳芳："有她在，我们放心！"街坊邻居竖起的大拇指，是你这位"小巷总理"日理万机最大的底气。

人民日报官微 @ 静静的：保洁、保安、客服工作都没落下，发热病人数量最少、发热病人康复率最高，芳草社区成为群防群治防疫战中的"一片芳草"。

人民日报官微 @Bule：发动社区党员、志愿者、居民群众加入"保卫战"，对 3846 户居民进行拉网式排查，你为群众和社区之间构建起心心相通的桥梁，是最有效的"传帮带"。

社区工作者群像

王 琼

腿上打着一块钢板、三颗钢钉，排队 3 小时为居民买药

2020 年 1 月 30 日中午，江汉区满春街中大社区党委书记王琼正端着碗准备吃饭，突然接到家住江汉大厦的居民姜女士的电话。原来，这位独居女士年前刚做完抗癌手术，正在恢复期，但药却吃完了。王琼听闻，立马扒了几口碗中的饭，就去病人家里拿上医保卡和病历，马不停蹄地赶往汉口大药房。从 12 点半排队到下午 3 点半，王琼终于买到了药。其间一直站着，她的腿都僵硬了，只能时而走动，时而蹲下，缓解腿部不适。拿到药后，她第一时间将药品给姜女士送去。

其实，今年 37 岁的王琼从事社区工作已 15 年，她曾因车祸腿部骨折，去年底在工作中不慎旧伤复发。如今，只要走的时间长了，王琼的右腿就会不听使唤，像灌了铅似的，有时甚至会一不小心跪倒在地。

王琼为出门没戴口罩的居民戴上口罩（刘丹 摄）

　　百姓大于天。当疫情来袭，她拖着打了一块钢板、三颗钢钉的右腿，带领 12 名社区工作人员，毅然坚守在社区防疫工作的一线。居民情况汇总、出租车调度、楼栋消杀、防疫宣传等，王琼无不操心；而拖着病腿，爬楼梯、巡社区、送物资更是她的工作常态。一天下来，她的腿从膝盖肿到脚踝是常有的事。

　　　　　　　　　（记者　曹欣怡；通讯员　李勇）

杜咏梅

带着抗癌药，
女村医奔波 6 个村湾

　　杜咏梅是黄陂区长轩岭街虎桥村唯一的村医，虎桥村有 6 个村湾，目前有 700 多名村民，过年返乡的人员有 206 人，而杜咏梅坚持每天都要跑一遍。

　　乡村卫生所防护用品匮乏，没有隔离服、防护面罩

杜咏梅对返乡人员进行体温监测

等，杜咏梅只能带着基本的防护口罩、手套，和村干部一起，每天向村民宣传严防严控、科学防控知识，"不少村民都嫌我啰嗦，我每次看到村民群聚，都令人扫兴地劝说，所以他们现在都怕我"。在她的耐心劝导下，现在乡亲们不再恐慌、抵触，表示不聚集、不聚餐、不串户，外出佩戴口罩。

每天，杜咏梅都会对所有返乡人员逐一进行体温监测，并在下午五点之前上报监测数据，每日手写村民检测健康记录表，中午用方便面充饥已是家常便饭。冬季的室外气温低，电子体温计有时无法正常使用，为此，她每次都随身带着6支水银体温计，对于重点检测对象，采取双保险的措施。

连日来高强度的工作让杜咏梅看起来有些疲惫，其实很少有人知道，她患有直肠癌。"我在2012年就查出患有直肠癌，已做过好几次大手术"，杜咏梅告诉记者，目前她每天还需要吃好几种药物，"我不想让自己在这种时候给国家拖后腿，我现在还能动，还能为村民做好第一道安全屏障的工作。"

（见习记者　刘娜；通讯员　刘梦）

魏萍遥

10 个女将照应近 6000 居民，送菜上门，方言广播解闷

魏萍遥举着喇叭在小
区里广播防疫常识
（本人 供图）

在武汉全民战"疫"期间，江夏区纸坊街中建三局二公司社区里的 10 名"娘子军"全员上岗。这个社区位于纸坊街北部，社区内辖 2161 户 5896 名居民。2020 年 2 月 2 日上午，记者来到该社区服务中心，只见大厅里摆满了分装好的蔬菜，每个袋子里装了两根大白萝卜、一棵大白菜或包菜、一把油麦菜，拎起来约 5 斤重。

"我们每天八点半开始分菜，用小推车一家家送上去。"社区书记魏萍遥介绍，社区从大年三十开始一边入户排查，一边给居民送口罩和消毒水，并开始每天为 50 余户独居、残疾、低保、留守等困难家庭免费送菜。

此后，社区副书记况曼莉又联系上一家蔬菜基地，每天为社区配送一百多份 1 元 1 斤的"爱心菜"，方便

其他居民不用出门。社区发布菜品，居民点单。菜送到后，社区分菜装袋，一袋袋地送到居民门口。"敲门，告诉居民菜放门口了，我们放了就走。"魏萍遥说，5斤一袋，袋子上贴支付码，一袋5元钱，大家都自觉扫码付款。

社区里有186户是中建三局二公司的退休职工，这里面约八成居民是四川人，社区每日的防疫宣传广播也喊起了四川话。后来大家又想，不妨也试试江夏的南八乡话？居民都被方言逗乐了，"我们走着念着，就有楼上居民喊，上一句是莫斯啊，听不懂，重新喊一遍"。

（记者　林敏；通讯员　张立峰、郭强）

韩 燕

睡觉时头边放着手机、纸笔，5分钟建立医患联系

"睡前姿势已摆好，武汉加油！社区工作者加油！自己加油！"2020年1月28日23时24分，青山区钢花村街116社区党委书记韩燕发了一条朋友圈。自防疫阻击战打响以来，她就没睡过一个好觉。担心半夜有居民发热需要就医，她把手机、纸笔都放在头边，以便随时处理紧急情况。

韩燕帮助社区居民联系送医就诊

203

"时间就是生命，我们通过医社联动快速响应工作法，力争 5 分钟内建立医患联系。"1 月 23 日晚 10 点，韩燕接到 103 门 4 号袁师傅的电话，袁师傅着急地告诉她，81 岁的母亲高烧 38.5℃，请求社区帮助。了解情况后，韩燕立即联系钢花村街社区卫生服务中心值班医生胡安明。胡医生 5 分钟内给袁师傅回电话，了解到老人已经发烧一整天，并且患有高血压、哮喘等基础病，情况较危急，告知韩燕要马上送医。韩燕通过街道派车平台联系到应急车，顶着寒风引导应急车和医护人员到袁师傅家中，将发热的老人送至医院。从接到求助电话到顺利送诊就医，整个过程不到半个小时。

为了更快回应居民需求，社区开启"24 小时"工作模式。1 月 30 日凌晨，陆续有 3 户居民出现发热症状求助社区，韩燕协调好患者、卫生服务中心值班医生、应急车平台，几乎一夜没合眼。

疫情上升期，一些患者及家属对于紧张的医疗资源现状不理解甚至情绪激动，韩燕顶住压力，她一边把所有确诊、疑似、发热以及密切接触"四类人员"的详细情况记录下来，一边对接病床见缝插针促进收治隔离。"居民焦急，我也焦急，但还是要保持清醒，掌握最精准的信息，进行最好的处置。"

（记者 李锐；通讯员 陈锦）

黄 恒

上任 8 天的"社区书记"躺着办事，9000 居民却认定他

穿着全套防护服，躺在洪山区珞南街洪珞社区党群服务中心的硬地板上，双手轮换着打电话。这个奇怪的人，正是社区临时书记黄恒。

2020 年 1 月 28 日，洪山区珞南街接到一份急报：洪珞社区的工作人员中，1 人确诊染上新冠肺炎，3 人持续发热，另外 3 人作为密切接触者需要隔离。但门外，每天都有焦急的居民找来。

街道党政办工作人员黄恒知道后主动请缨："我去！"花了半天时间，他安顿好 60 岁的母亲，把妻儿送回娘家，准备好自我隔离的公租房。

1 月 29 日一早，黄恒直奔洪珞社区。手拿两部手机，守着一部座机，每天处理近 300 个电话。可履职第二天，他就遇到一件难事，辖区居民李女士打来电话，大吼："我不活了。"李女士患有重度抑郁症，儿子也患有精神疾病。在这次疫情中，她的母亲

腰椎老毛病复发的黄恒躺在地上给居民打电话

不幸染病去世。已出现高热症状的李女士几近崩溃。黄恒一边打电话给公安部门示警，一边派网约车司机去广场找人，一边打电话给李女士稳定情绪，最终劝得她发来位置定位。折腾了一天，两人终于在深夜第一次见面。李女士有些不好意思，她说，"世上还是有人关心我"，并坚持不让黄恒送她去隔离点，"不能传染给你"。

忙起来，黄恒忘记了吃饭，也忘记了自己的老毛病——腰椎间盘突出。2月2日开始，他一跑动起来心脏就觉得剧烈跳动，后腰疼得钻心。当天，他就开始躺在办公室地板上干活，一边安排工作，一边接居民电话。2月3日下午，黄恒勉强抽出时间，到社区医院挂门诊。医生给出初步诊断结果：脊柱压迫神经，心脏供血不足，需要静养。但此时的社区一天都离不开人，9000居民需要帮助。短短数天时间内，居民就认定了这位"临时书记"。竹苑东区4栋一位居民"麦子"在"微邻里"留言，"听您留言声中有咳嗽声，千万要注意，不要因年轻就忍着，不舒服要尽早去医院检查"。

黄恒病倒，眼见社区再次陷入困境，更多的人站了出来。3日下午，又有3名街道工作者来到洪珞社区，协助工作。在街道要求下，黄恒在家办公。不在一线，但他没忘记"临时书记"的职责，一刻不休，远程调度，安排居民看病、出行各种事情。

（记者　龙京；通讯员　杜微波、刘杏念）

雷莉华

癌症书记带头"抗疫"，
绝不拒绝任何一个居民的求助

"居民们的无助、慌张，我们感同身受，一刻也不敢懈怠。"作为江岸区永清街道沈阳社区书记，在疫情面前，雷莉华忘记了自己是一名癌症患者，常常忙到凌晨三四点。因为她知道，"社区是居民的依靠，做的越多，居民才多一些放心"。

2019 年 4 月，雷莉华做了一次手术，此后每个季度都要定期去医院复查。年底，因忙于社区工作，她拖

雷莉华走进社区居民家庭开展疫情防控宣传

了一个月才抽空到医院。检查结果不乐观，医生告诉她，"身体已经敲响警钟，必须注意休息"。本想着等春节前夕事情处理完后，再好好修养一阵子。未曾想，一场突如其来的疫情，将她再次推上了"战场"。

每天排查发热病人，开展疫情防控宣传，安排楼栋消毒，上报病情协调床位……社区有一名 64 岁的患者，出现发热、没有食欲的症状。有一天，他冲到居委会办公室门外，扬言"如果等不到床位就赖在社区不走"。雷莉华赶忙打电话给街道医疗组，由于床位暂时无法到位，她又想方设法联系患者的女儿从青山区过来，送他去医院打针。经过再三协调，1 月 31 日凌晨 2 点，雷莉华终于等来医院空出一张床位的电话。她连夜安排车辆，将该患者送至医院住院，一切忙完后已至凌晨 4 点。现在，雷莉华每天还会打电话回访，该患者身体已经出现好转，总是不停地向雷莉华表达歉意和感谢。

"我们就是他们的救命稻草。"每晚睡觉前，雷莉华都会把电话放在手边，电话一响她立马接听，"绝不拒绝任何一个居民的求助"。她列出辖区高龄老人、空巢老人、行动不便群体名单，安排网格员和区直单位下沉干部一起，帮助购买药品、蔬菜、口罩。有时候居民的电话打过来了，雷莉华只要有空也会帮忙"跑腿"。

每天忙完回到家中，多已是深夜。因过度劳累，现在雷莉华的腰疼得厉害，走路只得弓着身子。她患有重病，每天需要定期服药。春节前药品已吃完，但因忙于疫情防控工作，她只得断了几天药，直到大年初三才抽空去医院将药续上。"希望大家一起挺过这段时间，共同迎接新的胜利。"

（记者　陈俞；通讯员　李慧赐）

杨柳、耿玉婷

"夫妻档"社区书记
冲锋在前，不能让别人去冒风险

2020年2月2日，是武泰闸社区书记耿玉婷的生日，往常的这天早晨，她都会吃到丈夫杨柳为她煮的长寿面。然而这天，夫妻俩吃了碗泡面就早早地出了门，社区还有很多居民等着他们去照顾。她的丈夫是保安社区书记。

武汉宣布暂时关闭出城通道和市内公共交通后，规定由全市各社区负责全面排查和分类安排辖区内的发热病人。来不及做什么准备，杨柳、耿玉婷匆匆地把3岁女儿送到住在楼上的父母家，孩子此时还在发烧咳嗽。

武泰闸社区和保安社区都是老旧

凌晨2时接到消息赶往社区的杨柳和耿玉婷（陈伟彬　摄）

社区，老人和流动人口多。社区书记需要安排卫生消杀、协助通行车辆、体温检查、筛查居民发热情况、给空巢老人买菜送药、关注密切接触者……保安社区有三户出现高疑病人，杨柳主动承担了买菜、送餐、送药、安抚工作。

1月30日下午2时50分许，忙碌了一中午，饭都没来得及扒两口的杨柳，手机铃声再次响起。"什么，舅舅在急救？"听到舅妈传来的消息，杨柳突然一下蹲在地上，双手掩面。急救，意味着病情严重。

电话刚挂，铃声又起："脑溢血半身不遂的冷师傅，急需救命的氧气袋！"杨柳二话不说，骑着电瓶车跑遍周边药店，买到氧气袋后赶往社区卫生服务中心灌满氧气再送上门，他与网格员欧阳俊奔走了一个多小时。还没喘口气，电话又来了：去街道领取一批新到的防护服和口罩。看着同事们都在不停排查社区居民发热情况，杨柳骑上电瓶车悄悄出发了。

夫妻俩每天要接打100多个电话，协调调度，通常要忙到晚上12点才能躺下。家里仅存一些平时为加班准备的泡面和麻花，就着开水又是一餐。

其间，女儿发来语音，"爸爸妈妈，我不发烧了，也不咳嗽了，你们好好工作，不用担心我"，夫妻俩泪如雨下。"我也怕，但是遇到高疑病人，我是社区书记我就得带头，不能让别人去冒风险。"

（记者　黄哲；通讯员　陈伟彬）

城市保障：
安全有序

从 2020 年 1 月 23 日武汉暂时关闭出城通道、市内公共交通暂停运营以来，在汉的 900 多万市民平稳度过，这背后，是每天 2 万多名保障人员的共同努力。商超买手、快递小哥、环卫工人、公交司机，以及水电气油、通信保障人员……与医护人员一样，他们奋战在另一条"生命线"上。

120：为生命奔波，我没有时间害怕

2万人冲在一线保障城市"生命线"

　　每天，由武汉市政府重点办及城市水、电、气、燃油、通信、交通、交管等单位组成的"城市运行保障工作"微信群内，各种协调工作事无巨细。"保障城市生命线不能出任何差错！"重点办统筹调度，水务、交管

身着防护服的水务工作人员进社区服务（武汉市水务集团 供图)

等部门紧密配合，污水处理药剂、油品、消毒液……各种运输车辆源源不断地集结武汉。

从 2020 年 1 月 23 日武汉离汉通道暂时关闭、大小交通暂停运营以来，截至 2 月 9 日，在汉的 900 多万市民已平稳度过了 18 天。作为城市"生命线"和"压舱石"的水、电、气、油、通信保障，供应充足，平稳有序。这背后，是每天 2 万多名保障人员的共同努力。

2 月 8 日，武汉市新冠肺炎防控指挥部城市运行组介绍，为了保障在疫情防控期间，相关重点部位和全市人民生活无忧，每天供水、供电、用气、用油、通信等城市运行板块有 2.4 万人在岗，其中 1.4 万人冲在一线。他们克服重重困难，即便在自身防护物资紧缺的情况下，也力保城市正常运转。

欠费不停水，供水热线 24 小时服务

武汉市水务局相关负责人介绍，截至 2 月 5 日，全市供水情况整体平稳有序，全市日供水量平均在 400 万吨左右，全市供水能力 630 万吨 / 日，可保障每日供水供应，供水水质符合国家卫生标准。为防止欠费带来的用水不便，供水企业还推出疫情期间欠费不停水的便民举措。

武汉市水务局相关负责人表示，"我们充分发挥智

慧水务的优势，利用科技手段统筹调度水压水量"，在大数据、云计算等手段的帮助下，全市水压充足，管网运行安全。

2月2日，汉阳七里新村田先生家中突发无水。田先生为高度疑似新冠肺炎患者，在家隔离。武汉市水务集团汉阳管线所副主任刘勇提醒大家穿好防护服："供水保障不分对象，危险也要上。"经过现场维修，田先生家中的用水问题得到解决。

1月23日以来，为降低居民出入人群密集场所概

检修人员在检修设备

率，全市已暂停上门抄收业务，暂时关闭营业大厅。与此同时，保持线上渠道畅通、供水热线 24 小时服务。

欠费不停电，工人每日巡检
数十公里电缆线路

从 1 月 24 日到 2 月 6 日，国网武汉供电公司累计出动人员 28658 人次、车辆 4278 台次投入防疫情和保供电工作。目前，全市供电一切正常。

防疫期间，武汉供电公司对居民客户采取欠费不停电措施，全力确保民生用电。截至 1 月 28 日 24 时，武汉约 49 万户欠费未停电。

城市进出通道关闭后，武汉供电公司电缆运检一班青年员工余年春在班长孙长群的带领下，更加频繁地开着"黄皮卡"，为武汉电网电缆主网线路保驾护航。

余年春说："现在情况特殊，留在武汉的人少，单位正是人手紧缺的时候，我能上，就我来。"说到做到，从第一天开始，他每日都要巡视几十公里的电缆线路，对十几处电缆终端及中间接头进行测温、测环流，并通过数据进行状态评估，做好记录。

赵斌是武汉市的一名普通电力检修人员，他说："在这个特殊时期，我们必须坚守岗位，应对随时出现的电力抢修任务。一天晚上接到一个抢修任务，用户因高压电缆故障造成停电。我们晚上 8 点多出发，搞到凌晨 1 点多才回到公司。"

气源无缺口，当天通气
让医护人员洗上热水澡

1 月 23 日以来，武汉市燃气行业全员进入"战时状态"，88 家燃气企业 2000 多名职工坚守一线，保障市民生活用气、医疗机构供气，以及医院建设项目按时

保证天然气供应

通气。

武汉市城管执法委和市燃管办相关负责人介绍，这段时间以来，城管部门重点督导燃气企业落实医疗机构的安全稳定供气。

从大年初一开始，市天然气公司的巡线员郑辉一直住在汉口管线所常青管理站。他每天巡线60多公里，加大对金银潭医院周围管网巡查次数和力度，保证管网安全运行和辖区18万多户居民安全用气。

2月1日，湖北省人民医院附近的紫阳湖宾馆，被指定为该院医护人员的住宿场所，需要尽快接通天然气。武钢江南中燃公司迅速行动，经过8小时紧张作业，接通天然气，比预计时间提前3小时，当晚入住的医护人员就洗上了热水澡。

据统计，自1月24日至2月7日，武汉市每天平均供应天然气800多万立方米；累计供应液化石油气250吨左右；车用天然气销售30万立方米左右，库存稳定，气源暂无缺口。

工程师穿越隔离区，
为医院装好视频电话

2月6日至7日，中国电信武汉分公司装维工程师们通宵达旦地奋战在防疫通信保障一线，为16个定点

医院装通了视频电话。

6日凌晨2时，装维公司临危受命，紧急启动视频电话安装工作。公司原本有30多名员工，但有的放假提前回了老家，有的因接触过疑似病人正在隔离，能调用的只有16个人。十几条电路穿越医院隔离区，危险大家都知道，但是没有一个人退缩，将近30个小时的紧张施工，几乎所有人没有像样地吃上一顿饭，却没有一个人叫苦。

武汉市通信管理局会同市经信部门，统筹组织全市通信企业全力奋战、攻坚克难，这样的例子不计其数。

上门服务的通信工人

2月1日中午，武汉电信黄陂分公司接到用户来电，长岭藕塘村有一用户因疫情被困在湾里，家中三个小孩要上网络课，家中没有网络，希望电信能上门装网。

由于疫情严峻，农村道路设置了路障无法通行，黄陂区分公司长岭分局营业员高红丽和装维人员黄劲松顶着寒风，骑着摩托车来到用户家中，当即布线装通。从接单到受理、装机，仅用了短短4个小时。

按防疫指挥部要求，武汉电信为全市50个点位的重点医院和隔离病区开通视频会议业务，为一批医疗隔离点开通固话、宽带。武汉移动已完成 49 处隔离点网络测试及优化工作，武汉联通实施一批站点资源扩容。

油不断供、站不打烊，全市燃油供应有保障

抗疫期间，中石化蔡甸知音站、江夏武南加油站为全市所有转运患者的 120 救护车提供免费加油和赠送简餐速食服务。

各地向武汉捐赠的百余台负压救护车 2 月 5 日深夜抵汉，中石化汉阳南港加油站为车辆交接提供场地，为所有救护车免费加油，为司机赠送免费简餐。

在疫情初期，武汉市商务局就成立了城市汽（柴）油供应保障工作指挥组，组织油企启动应急预案，每日

为救护车免费加油

监测成品油市场运营情况，协调解决加油站点油源供应、物资运输、员工交通通勤、防护用品不足等方面的困难和问题。

除夕夜，当中石油武汉销售分公司员工收到公司发送的抗击新冠肺炎倡议书后，不到 8 个小时，共有 100 名党员、2 名入党积极分子主动请战。

为了保证大年初二、初三值守，中石化武汉石油汉阳分公司黄金口加油站员工李胜雄从家中骑行 20 多公里到岗值班。

疫情发生以来，中石油、中石化、道达尔及大型民营油企加油站近 410 座均坚持正常营业，92#、95#、98# 汽油及柴油品类齐全，确保"油不断供、站不打烊"，尽全力保障市民和各防疫单位需求。

（记者　韩玮、黄师师、陶常宁、章鸽；通讯员　黄金波、谢铭辉、王欣、程静、苏守明、杨杰、商焱明）

城市保障者群像

生鲜买手叶剑雄

提稳老百姓的菜篮子

"你给我打电话的这半个小时，我已经有 4 个未接来电了"，叶剑雄在和记者的电话交流中，语速飞快，这个春节，他每天要接打 300 多个电话，"凌晨一两点还在电话里协调蔬菜供应"。

叶剑雄是武汉市武商超市采购部的一名生鲜买手，为保障市民的菜篮子在这个特殊时期仍能货丰价稳，他已经连续四周没有休息了，"越是特殊时期，越要提稳老百姓的菜篮子"。

1 月 26 日上午，重庆驰援武汉的 360 吨爱心蔬菜抵达武汉，这让叶剑雄和同事们兴奋了很久，"明天大家就能在武商、中百和中商买到这批爱心菜，价格也很实惠"。叶剑雄在朋友圈写道：这批爱心蔬菜经过 20 多个小时的长途运送，带着重庆人民的关爱，来为武汉人们的餐桌加油，武汉不孤单！但鲜有人知道的是，为了这批蔬菜，叶剑雄和同事们在背后的辛苦付出。

电话不停的叶剑雄

　　"昨天凌晨 2 点还在打电话沟通"，叶剑雄告诉记者，来自重庆的司机师傅们由于线路不熟，叶剑雄需要时刻和他们保持联络。"这批货一大早就到了我们的配送中心，集团临时成立了 5 个应急小分队赶往配送中心进行支援。"

　　作为武商超市采购部的一名生鲜买手，平时他们会互相"自嘲"自己是不起眼的螺丝钉，但在城市保供应的关键时刻，叶剑雄和同事们的努力，不仅直接关系到武汉人的一日三餐，也影响着武汉人在特殊时期的心态。"我们持续补货，供应有保障后，明显感觉到顾客购物时都放轻松了"，多日以来，叶剑雄时刻保持与重庆、云南、山东等地供应商的联络，请他们加大供货量。

"与往年春节相比，今年我们的生鲜需求量是同期3倍"，叶剑雄称，虽有压力，但也常被感动，"一位在北京的武汉人心系家乡，辗转联系上我，希望每日能向武商集团提供20吨绿豆芽"。

采访时临近中午，记者随口问叶剑雄"午饭吃了吗"，他嘿嘿一笑，"同事刚帮我泡好面"。近一周，叶剑雄的午餐都靠泡面解决，晚餐要等到晚上八九点才能吃上。记者了解到，这个春节，武商集团76家门店全部营业，一万多名员工全员加班，"我们的辛苦，如果能让更多武汉人吃好一日三餐，那也值了"，叶剑雄说。

（记者　张维纳）

菜鸟驿站站长苍禹威

我在外面跑，大伙就不用出门

"我想实名感谢一下，我们小区有个站长，一个人买菜配货送菜，帮助我们住户，青菜、水果进价给我们。他没有义务做这个，但他说他一个人在外面跑，我们大伙就可以不出门，真的特别感动。"近日，武汉"90后"菜鸟驿站站长苍禹威不停地收到来自汉口城市广场业主们的感谢，在这个特殊时期，他挺身而出，给小区两三千隔离户义务买菜。

"做这个事情的初衷，是在社区群看到很多人说买不到菜和生活用品，我希望能够做点什么，尽一点力量。"自 2017 年起，苍禹威在这个小区开菜鸟驿站，方便居民快递收取。

"街坊邻居支持了我 3 年，我不可能在这个时候就不管了、走掉了。这时候我一定要迎难而上，跟大家一起共渡难关。"关键时刻，苍禹威选择挺身而出，志愿给大家买菜、送货。

由于社区周边很多菜市场、超市不再营业，仅有的几家种类较少价格也不便宜，于是他跑了很多地方，找到了平价的蔬菜和水果供应商。

每天 6 点，天才蒙蒙亮，苍禹威就会出门采购蔬菜和水果。8 点回来后，他会先用消毒液洗好手，然后按街坊的需求，把果蔬分拣包装好，然后再挨家配送。

为了保障安全，他会将食材送到指定地点，再联系居民来取。"每天都是他一个人送，每次送菜都会送到电梯口再通知"，小区居民程纯说。

小区大，每单都是二三十斤，拖车一车只能拖几份，而他每天需要送出七八十单，至少要工作 15 个小时。2 月 4 日，苍禹威送完当天最后一单，已经晚上 12 点了。

"老板注意安全啊""雪中送炭""感谢驿站为我们小区作的贡献！"在近 500 人的小区群里，感谢的话语整整齐齐地刷屏。

"作为武汉人，我本身就有一份责任，应该为武汉贡献自己的一份力量"，苍禹威说，"其实应该致敬的是一线的医生、护士和其他一线志愿者们，谢谢他们来到武汉，帮助武汉，共渡难关"。

（记者　张珺）

环卫工人满彩美

大年初一医院上岗

1 月 31 日，环卫工人满彩美进入武汉市红十字会医院清扫保洁已是第七天，也是最后一天。接下来，她的工友们来换岗，满彩美将进入 14 天的隔离期。

1 月 25 日，由于保洁力量不足，武汉市红十字会医院向城管部门求助，江汉城管当即成立了一支环卫志愿突击队，专门负责这家医院的清扫保洁、垃圾清运。满彩美大年初一上午接到支援通知后就主动报名。当天下午 4 点，第一批 11 名环卫工人进入医院。

"我们第一天主要是清理医院积存几天的垃圾，一直清到晚上 11 点多，有 100 多桶。"满彩美说，"各层楼的生活垃圾要清理，有时病人在打针，不能动，放

环卫工人满彩美（计鹏飞 摄）

在病房床头柜或是地上的垃圾，我们也要帮忙处理，还要用消毒药水给病房拖地。"由于要进入病区，满彩美每天必须穿全身防护服。

"防护服很热，我们刚开始穿，有点不习惯，像缺氧，病区温度很高，有的人防护服里面只穿一件秋衣。"满彩美说，她们穿的防护服有两层，里面先穿一层蓝色隔离服，外面再套一件白色防护服，不透气，每天都是满头大汗，晚上回去必须洗头洗澡。

满彩美晚上回到住处，都会和丈夫、孩子们视频报平安。她说："我女儿问我，妈妈你为什么要做这个工作啊？我就跟她讲道理，打个比方，要是妈妈住院，没有人照顾帮忙，那妈妈怎么渡过难关。现在医院很多人需要我们帮忙，我们就要去帮助他们。"

据介绍，这支环卫志愿者突击队成员共 21 人，均为主动请缨。"我们这次主动报名的环卫工人都是 40 岁左右，环卫工作经验丰富，动员时都是自告奋勇。"带队人员计鹏飞表示，面对这次这么大的困难，环卫工人的语言很朴实，他们说："医生都在一线，我们也可以。"

（记者 陶常宁）

汉警快骑队员林谭
用业余时间义务接送医护人员

"亲，我是四医院古田院区的护士，明天下夜班准备回东西湖沿海赛洛城，如果有顺路的话有可能带我一脚吗？9 点以后都可以，我可以等！"2 月 7 日下午，护士张女士向志愿者林先生发送"请求"，很快林先生回话："不是顺路，我是专门送你们的，你们为了武汉辛苦了，为你们无条件服务，明天下班提前 15 分钟跟我联系，我到普爱大概 10 分钟。"

张护士可能不知道，这名志愿者叫林谭，白天他是战车轰鸣的汉警快骑队员，在医疗机构周围维持秩序；

下班后他是志愿者，充当运送救援物资的搬运工、接送医护人员上下班的司机。

为了防止疫情进一步扩散，武汉市于 1 月 23 日开始停止运营公共交通。硚口交通大队汉警快骑队员林谭主动请缨，每天执勤 6 小时，备勤 3 小时，维护医院周边秩序，保证医疗通道畅通，为运送救援物资的车辆带路。

林谭每天执勤，维持道路秩序。

除了这些，这个 31 岁的大小伙子认为自己还能做得更多，毅然加入志愿者团队，在完成本职工作后，用业余时间义务接送医护人员上下班、运送救援物资，为奋战在最前线的白衣"战士"们继续贡献自己的力量。

每天下班后，他首先就是查看志愿者微信群里的求车信息，只要是与自己空余时间相吻合，无论是哪家医院，他都会毫不犹豫地去接送她们。最早的一次是清晨 5 点多，最晚的一次已是凌晨时分。

大年初一（1 月 25 日）深夜，他刚睡下，忽然接到一位护士的电话，哭着说她的同事因劳累过度，晕倒在岗位上，现在急需有人送她去接替值班。他立刻穿衣出门，把她安全送到医院。1 月 28 日，当得知有一批消毒液要从汉口紧急送到武昌，林谭想到表哥有一辆大车，立刻去借来，保证了这批物资按时送达。

截至 2 月 9 日，林谭已累计接送医护人员 45 趟次，运送物资 5 趟，行程 900 余公里。经常坐他车的医护人员和一些志愿者朋友，都说他是不知疲倦的"警医卫"。

有人问他是否会担心自己和家人被感染，林谭很诚恳地说："确实有过这样的担心，但是仔细想想，我做的这些事情，是为了让医护人员打消后顾之忧，更好地投入工作中。能协助他们早日战胜疫情，这也是有利于我自己，有利于所有人的事情。"

（记者　魏娜；通讯员　杜泽文）

公交司机陈强

通宵接送援汉医护人员

2 月 4 日以来，每日的 19 时 20 分许至次日凌晨 5 时许，驾车往返医院和酒店接送医护人员至少 10 个趟次——这是武汉公交 789 路 23 岁的驾驶员陈强在此次战"疫"中的坚守和付出。

陈强是土生土长的武汉人，出生于 1996 年 7 月。他从小酷爱公交车，入职武汉公交还不到两年时间，一直保持着"三零"（零事故、零违章和零投诉）的纪录。2019 年 9 月，陈强从全市 2 万余名公交驾驶员中经层层比拼脱颖而出，成功闯进武汉公交驾驶员行业的最高赛事——武汉市第二十一届职业技能大赛客车驾驶项目

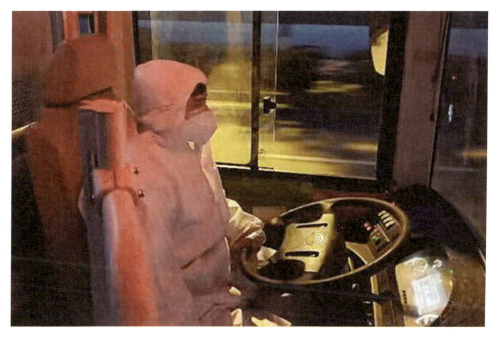

通宵接送医护人员的
陈强

的决赛环节。决赛环节全市只有 73 位选手进入，陈强
是其中年龄最小的选手。

1 月 27 日，看到公司发布的党员突击队招募令后，
身为团员的陈强连夜写下 3 页纸的"火线入党申请书"，
请求参加。在申请书上，他这样写道："任何时候，我
都愿意服从组织的安排，随时听候调令，到最需要的岗
位上去。服务人民，服务社会，不管遇到任何困难，绝
不退缩，为取得战'疫'胜利贡献自己的光和热。"

2 月 4 日晚，陈强终于获批上了"前线"：从 4 日
晚开始，负责通宵接送四川援汉医护人员往返于武汉大
学人民医院东院与酒店之间。随后，陈强与医护人员同

住酒店。每天 19 时 20 分许至次日凌晨 5 时许，他都要
驾车运行十余趟次，全力保障医护人员的通勤需求。性
格开朗、热心肠的陈强，还与不少医护人员结成了好
友，不少年长的医护人员十分喜欢陈强，并亲切地喊他
为"强哥"。

（记者　王刚；通讯员　康先军、邓传武）

志愿"后勤"：
凡人大义

在武汉街头、医院和社区中，还活跃着上万名不留姓名的志愿者，他们是一群来自民间的"后勤兵"，义务送餐，义务卸货，义务"摆渡"，他们自称，只是做了一些力所能及的事，只是想和城市一起扛过难关，他们的平凡之举蕴含着城市大义。

当他开车出发，就加入了"摆渡人"战队

"生命摆渡人"王禾田
接送病人就诊转院 60 人次

2 月 10 日下午 2 时许，穿着防护服，戴着护目镜和口罩，他"全副武装"来到汉口江滩。约定的时间到了，妻子和一双儿女出现在对面高楼的阳台上。他脱下防护服，仍戴着口罩和护目镜，使劲地朝阳台上挥手，妻子和儿女看到后，也使劲地朝他挥手。

这次特殊的"见面"只持续了几分钟。之后，他穿上防护服，转身离去。

他叫王禾田，今年 46 岁，是黄鹤楼公园经营科职工，共产党员，转业军人。2 月 4 日，他第三次主动请缨战"疫"终成功，被江岸区永清街道办事处录用，成为一名志愿司机，负责开车接送输液的发热病人往返于社区和医院之间，转运确诊的新冠肺炎病人前往医院住院。

志愿接送病人以来，有家不能回，他只能选择以这种特殊的方式，与家人"团聚"。

"给家里人通报一下，我已正式成为一名抗疫志愿者，在永清街道开救护车负责接转感染病人。驾驶室

和后面是隔离的，有防护服、手套等。我们这个大家庭这么多军人、党员，是党和国家让我们这个家庭从贫穷走向了小康，为了报恩，我就先代表我们这个家庭打第一个冲锋。祖国万岁，武汉加油！"

这是 2 月 4 日"出征"前，王禾田给家人发的一段话。对他的选择，家人一开始不同意，因为儿子今年参加高考，女儿才 5 岁，他是家里的顶梁柱。但见他态度坚决，只好勉强同意。

王禾田老家位于革命老区河北省涉县，大家庭中共有 11 名党员，其中 8 名现役军人、3 名转业军人。2003 年从国防信息学院转业后，王禾田被安置到黄鹤楼公园工作。

面对严峻疫情，军人的使命感驱使他不愿当一名旁观者。1 月 26 日，他主动在朋友圈晒出驾照，表示愿当一名战"疫"志愿者，请求朋友们帮忙转发、推荐。承诺："如有需，我必战。"

武汉市政府招募疫情防控志愿者，他在手机上填表申请，因为超过 40 岁，未被录用。2 月 2 日，他又到自己家所在的永清街道办事处毛遂自荐，被录用后，他非常高兴。

2月4日，王禾田正式上岗，成为永清街道办事处招募的第一名志愿者司机。其职责就是与其他3名志愿者司机轮流上班，开着由面包车改成的救护车，从社区接送输液的发热病人，到汉口医院、武汉市第八医院打针，等打完针，再把他们接送回家。最长时，一个班要连续工作12小时。

他接送的第一批新冠肺炎疑似病人，是家住长江边某小区的一对夫妻，发热、咳嗽，他连续接送了两天。

有时，也会接到运送轻症和重症新冠肺炎病人转院的任务。2月9日晚，他先后往返几趟，将4名轻症病人、6名重症病人，分别从江岸区的集中隔离点和小型医院，转移到武展方舱医院和金银潭医院住院治疗。从9日晚8点半，一直忙到10日凌晨1点多。

接转病人时，偶尔见有的老患者行动迟缓，他会主动帮忙提提行李。

每次送完病人，王禾田马上将车子充分消毒，以便下次接送。

截至3月8日，当志愿者司机一个多月，他累计接送、转运新冠肺炎病人近60人次。

当上志愿者司机后，每天接送新冠肺炎患者，王禾田成了高风险人员。为防万一，他主动跟家人提出，下班以后不回家。接送病人后的第一个夜晚，他在车上过了一夜。此后，他借住朋友的一处空房栖身。每天过早，只吃一碗快餐面；午饭和晚饭，就吃街道提供的盒饭。

女儿每天挂念他，老是问："爸爸什么时候能回来呀？"读高三的儿子把以前买的一副防毒面具送给他，让他加强防护。

来自家人的爱，让他感到内心暖暖的。他希望疫情早日结束，自己能带家人到北京旅游，看看天安门。

由于疫情防控力度加大，近期社区新冠病人越来越少。截至3月8日，他已经连续7个夜班、2个白班未接到一名病人了。这让他非常高兴："这说明，胜利的曙光已经显现。相信再坚持一段时间，胜利一定属于我们！"

（记者　明眺生；通讯员　王红念）

送餐志愿者李博

一天没开业，一分钱没赚，
每天送 200 份盒饭

李博，36 岁，深爱武汉的餐饮人。2019 年 12 月，他卖掉车，贷了款，在汉口文体中心开了间苏式园林景观餐厅。然而，当他细致打磨、一切就绪、准备开张时，武汉却"生病"了。

还没正式开业怎么支撑偿还贷款？恐慌之后，李博陷入了更深的担心：我爱的城市"生病"了，没有大家，何来小家？怎样才能让我们的武汉更快好起来？

听说奋斗在一线的医护人员有时连一口热饭都吃不上，李博决定每日给医护人员送爱心餐："我要为自己的武汉做一点点事情，哪怕我的力量微不足道，也要尽我最大的努力让这座城市好起来。"

听说他要吃住都在店里，妻子先是吵着嚷着不让他出门，然后又沉默，安静地收拾好了两行李箱衣服。"她是懂我的，因为她也和我一样，热爱这座属于我们的城市。"

2020 年 1 月 25 日大年初一，李博盘点了店里的食材，有牛肉、羊肉、鸡鸭、水果和主食，如果每天做

李博为武汉市第四医院医护人员送餐

200 份盒饭，应该可以支撑些时日，但缺新鲜蔬菜和打包盒。在网上联系供应商的同时，李博开着车满大街寻找打包盒。

陪伴李博的还有一名外地厨师，因为出城通道关闭，厨师无法回家。"我们要尽自己的力量，让医护人员吃上热饭菜，让他们均衡营养，增加免疫力。"两人配合，做菜、打包、送餐，所有的事情亲力亲为，只为省下钱去买更多的食材，做更多的盒饭。

1 月 26 日大年初二，李博开始为协和医院外科急诊医生送盒饭。当天，记者报道的稿子在网络上被大量转发，不少网友搜到李博的联系方式，加了李博好友，这群新朋友个个都"讲味口"。网友"骨多多"开车给他送自家囤的蔬菜；网友"包子妈"京东下单，买了 600 个打包盒、300 双筷子，直接发货到他店里；还有两个网友开车送了两满后备厢蔬菜到店里；有"武汉医生出行群"的志愿者联系他，说能协调各医院的用餐和出行需求；爱心企业"良之隆"赞助了一批五花肉和鸭块……"是大家让我觉得，武汉的明天会更好，我不是一个人在战斗，感谢一起战斗的武汉人。"

240

最近，李博的送餐范围不断扩大，除了每天都会送的协和医院外，他还根据志愿者的调度安排，将餐食送到四医院、八医院、武钢二医院、百步亭社区医院……偶尔，他会发照片给妻子报平安，妻子则自豪地转发到朋友圈，写道："可爱的人们，可爱的你。武汉！加油！"

（记者　胡丽君）

公益人徐紫珈

与病毒赛跑，募集数十万物资
送到战"疫"前线

2020年1月23日，因疫情发展，武汉暂时关闭出城通道及市内公共交通。武汉市慈慧堂紫珈公益发起人、长江公益正能量合伙人徐紫珈学习中医，她很快意识到，一场史无前例的战"疫"将在武汉打响。"病毒肆虐，我当'逆行'！"她能想到的是："必须带着大家冲锋，不能等待，不能观望，这个时候唯有跟死神赛跑。"

凌晨2时在三环外卸载到汉防护物资的徐紫珈

1月24日大年三十，徐紫珈冒着风雨，带着两辆货车赶往仙桃运输疫情防护用品，为了防止物资交接出现误差，她认真核对相关物资的品种和数量，亲自清点、搬运物资。一直忙到晚上6点，才将所有的物资装好，然后急忙赶回蔡甸区疫情指挥部。由于当时区各大小医院都缺乏防护物资，徐紫珈连晚饭都没来得及吃，就和有关人员一起将物资分发给每个医院。直到晚上 10 点多，她才吃到了 2020 年的年夜饭——一份已冰凉的盒饭，但她吃得乐呵呵的。

她在微信里告诉团队成员："时间就是生命，绝不能让我们的医生绝望、绝不能让我们的护士无助。我们必须动用一切力量以最快的时间把最要紧的防护措施跟上。"

1 月 23 日至 2 月 10 日，她和团队募集购买了 14000 余套防护服、37000 个 N95 口罩、116000 个外科口罩及 2000 个护目镜，送到武汉十几个医院和湖北周边地区。2 月 2 日，听说黄冈地区情况紧急，一线医护人员缺乏食物，徐紫珈又连夜对接好统一公司，购买了 2400 桶方便面，次日上午运送到黄冈各医院。这不是一个人、一个团队的战斗，徐紫珈告诉记者："这次活动中，张珣爱心集结号、晨希公益、湖北锦平建设工程有限公司、四维定量群等也给予了大力支持。"

此外，她还搭建了"武汉，我们一起加油"抗击新冠病毒互助群，群中有西医、中医、心理师、营养师等十几位专业人士，帮助居家隔离患者。

（记者　马慧洁）

IT 志愿者武志远的"逆行"

3 天挑战 1477 台设备

2020 年 1 月 25 日，联想集团公司决定为火神山医院捐赠 IT 设备，员工们自发组成了志愿者团队。有人手上的面粉没有洗干净就开始打电话；有人匆匆从年夜饭的饭桌上撤下；有人连夜发邮件；有人去仓库盘货；有人找正在休假的老熟人帮忙。大家都明白，这是一场与时间的赛跑！

36 岁的联想集团大客户解决方案中心客户经理武志远，争取到技术服务的志愿者名额，可他没敢告诉在外地的父母。妻子得知后，短暂的沉默，随即对 7 岁的双胞胎儿子们说："爸爸要去战斗了，爸爸很厉害，对不对？"孩子们似懂非懂，却都欢呼雀跃，"爸爸是英雄！"他们不知道的是，此次志愿服务，加上隔离期，爸爸将和他们分开 1 个月以上，这也是父子 3 人 7 年来分别时间最长的一次。

2020 年 1 月 30 日早上 9 点，智慧服务志愿者们来到联想的郊区仓库，将库存的 500 台电脑和 275 台打印机搬上三辆卡车。"从大年初一起，我们就开始积极联

正在测评设备的志愿
者们

系各方，以最快的速度把所有货物全部送到了火神山的
医院现场。"从河南调货，从郊区搬运，再到摆放电脑，
协调系统安装和软件，志愿者们昼夜不休地工作了两天
一夜，装好 1477 台设备，包括 520 台电脑、120 台平板、
285 台打印机、450 套桌面 IDV 软件、2 台服务器、100
个其他设备。

　　一般行业里，一台电脑配一台打印机就行。但医院
的电脑，每台都需要连接腕带打印机、病历打印机、票
据打印机等多台打印机，不同的驱动，对兼容性和速度
都是挑战。武志远告诉记者："到了一线，和卫健委沟

通、和合作软件方沟通、和现场运维方沟通、拆机装机做系统、加装内存条……所有的工作大家都抢着做，每个志愿者每天都高强度地处理不同来源的不同事情。"

从进场火神山医院开始，志愿者们每天的睡眠时间就只剩下 3 个小时。2 月 1 日清晨 6 时，多数人还在睡梦中，武志远的微信步数就达到了 24305 步，而此时他已经连续工作 36 个小时。他说："正常情况下几个月的工作量，现在压缩到几天完成，强度很高，根本没时间去累去困。"

"前线的白衣天使，你们负责抢救生命，我们负责打开数据和信息通道。"联想志愿者团队将始终在医院运维，保障诊疗信息系统的运行，坚守到疫情结束。

（记者　胡丽君）

"武汉不怂" 爱心车队
两条朋友圈聚集上千人

"你好，是到中心医院后湖院区的吧？上车吧！" 2020 年 1 月 29 日清晨 6 时 50 分，赵阳开始了忙碌的一天，这一趟是头一天晚上在车队群里预约好的。

春节以前，赵阳是武汉某设计公司的负责人，但从

爱心车队在为医院配送募捐的防护物资
（志愿者 供图）

除夕至今，他每天与其他几十名武汉私家车主一起，忙着医护人员上下班的接送和各类保障物资的配送。

病毒肆虐，疫情爆发，他们选择了直面危险，共同战斗。

从一个人到一千人，赵阳发了两条朋友圈。本来，他只是想尽一己之力，为疫情防控做点事儿。他发了一条微信朋友圈："我在后湖，只要是医护人员，我负责接送！24小时待命！"这条信息被武汉市中心医院后湖院区的一位护士看到，她把赵阳拉进了自己医院的一个微信群。除夕当晚，赵阳就跑了3趟车，接送了3位护士回家。

慢慢地，微信群里加入了更多需要用车的医护人员，范围也不再限于后湖片区。虽然有几个朋友加入了接送队伍，但远远不能满足约车需求。忙不过来，赵阳又发了第二条朋友圈："有车的朋友都可以参加，虽然风险依旧，但这也是我们现在唯一能做的了！"让他没想到的是，不到10个小时，参与者就达到上千人，微信群也变成多个。从开始只能接送一家医院50多名医护人员，很快就扩大到服务汉口、武昌、汉阳三镇医院。为让车主休息，群里还有专门帮助调度车辆的志愿者。

加入爱心车队的志愿者越来越多了，知道他们车队的医院也越来越多了。随着疫情的加重，医院防护物资短缺，很多医院的朋友都找到车队，问能不能募捐到医用级别的防护物资。爱心车队开始发动各方力量，募捐不到就自己筹钱买，买到了物资就往有需要的医院送。他们已经完成了千余名医护人员的接送，数百趟医院保障物资的配送。

车队的志愿者来自各行各业，虽然他们中的很多人从未谋面，但因防控疫情成了并肩作战的好兄弟。赵阳说，这个爱心车队叫"武汉不怂"，名字是朋友们一起商量确定的，因为车队里有一群为这座城市坚守不放弃的志愿者，他们热爱武汉，想告诉所有"逆行"在城市里的医护人员："你守护我们的家，我们来守护你。"

（记者　余倩）

后　记

2020 年的春节，来得太不一般。

疫情突袭，熟悉的生活，仿佛被按下"暂停键"，但与生命有关的一切，全力加速。

这是一场与病毒争夺生命的战斗。

武汉市 7 万多医务工作者，与全国各地驰援的两万多医护工作者一起，不讲条件，不畏生死，战斗在火线前沿。很多医护人员都是自愿报名，甚至争抢着报名到最重、最累、最危险的岗位上去。正是这样一大批医德高尚的医护工作者，让我们对战胜疫情充满信心和希望。

这是一场与时间赛跑的战斗。

从 1 月 25 日起，在亿万网友的注视下，9 天的时间，7000 余名建设者日夜鏖战，赶出一座火神山医院；3 天后，另一座雷神山医院以同样的速度拔地而起。2 月 5 日至 16 日，每天一座"方舱医院"建成投用，与此同时，武汉市定点医院周边征集了酒店、学校等场所，收治隔离发热者和密切接触者。

从黑夜到白昼，织起一张生命之网。

这是一场没有硝烟的战斗。

武汉暂时关闭出城和市内公共交通，抗疫的战斗不能停，城市生活保障不能停。

社区工作人员和基层党员干部拉网排查发热和疑似病例，拉起抗疫第一道防线，扛起"联防联控""群防群治"的重任。

城市的各个角落，志愿者在行动，哪里有需求，哪里就有他们热切的身影。城管、超市配送、交通治安、快递、环卫等战场上，保障城市运行、保障群众生活，一大批武汉人在默默奉献和战斗。

百万市民全力配合，尽量减少外出活动，以实际行动参与到防控疫情之中，他们也是抗疫战场的战士。

武汉疫情牵动着万众目光。岂曰无衣？与子同袍。从青岛的护目镜到寿光的蔬菜，从海外医疗物资辗转抵汉到河南兄弟的千里驰援，有钱出钱，有力出力，四面八方共援武汉。

没有硝烟，没有炮火，艰苦卓绝的战斗仍在持续。在这场全民保卫战中，没有人身在战场之外，没有一个人不是抗疫的勇士。疫情让人们在空间上保持距离，却让人们心灵上贴得更紧密。守望相助、共克时艰，每一份勇敢和温暖，都在驱散冬日寒冷。

没有一个冬天不可逾越，我们铭记伤痛，致敬勇敢，我们坚定信心，凝聚力量，我们相信，春天一定会来。

恰逢人民出版社约稿，人民出版社与我们报社一线报道组迅速组成线上编辑团队，以最快的速度编写了这本武汉抗疫英雄谱。尽管战"疫"尚未结束，一本书可能收录的故事也极其有限，但他们都是武汉战"疫"中一线英雄的缩影和代表，他们的故事可歌可泣，值得我们敬仰与铭记。

此书内容的组成，以及后期编审，因只能在线上完成，沟通与修改难度尤大。人民出版社的编辑团队在社领导的带领下，不分昼夜指导、审改，在此致谢。

部分稿件内容，来自中央电视台、新华社、解放军报、人民网等媒体，在此也特别致谢。

稿件内容的具体组织与编辑，主要由长江日报编辑部完成，刘新天、韩玉晔、万旭明、冯爱华、蔡木子、张颖、艾晨光、江尚骏等付出了辛勤劳动，特向他们致谢。

（记者　鲁珊）

责任编辑：刘永红　江小夏　洪　琼　李媛媛
　　　　　张　立　赵圣涛　王　淼　王彦波
装帧设计：林芝玉

图书在版编目（CIP）数据

武汉战"疫"：最美一线英雄/《武汉战"疫"》编写组 编著 .—北京：
　人民出版社，2020.4
ISBN 978－7－01－021877－9

I. ①武… 　II. ①长… 　III. ①先进工作者－先进事迹－中国－现代 　IV. ① K820.7

中国版本图书馆 CIP 数据核字（2020）第 026254 号

武汉战"疫"
WUHAN ZHAN YI
—— 最美一线英雄

《武汉战"疫"》编写组　编著

人民出版社 出版发行
（100706　北京市东城区隆福寺街 99 号）

北京盛通印刷股份有限公司印刷　新华书店经销

2020 年 4 月第 1 版　2020 年 4 月北京第 1 次印刷
开本：710 毫米 ×1000 毫米 1/16　印张：17.5
字数：154 千字

ISBN 978－7－01－021877－9　定价：59.80 元

邮购地址 100706　北京市东城区隆福寺街 99 号
人民东方图书销售中心　电话（010）65250042　65289539